PATMOS
die heilige Insel der Ägäis

Texte: W. KOURTARA, L. XEROUTSIKOU, THEOCH. PROVATAKIS
Photos: S. BOURBACHAKIS, P. SPYROPOULOS, TH. PROVATAKIS, I.M. CHATZIFOTIS, Archiv: M. TOUBIS

Künstlerische Betreuung: NORA ANASTASOGLOU
Redaktion: I.M. CHATZIFOTIS
Satz, Klischees, Montage, Druck: GRAPHISCHE KÜNSTE M.TOUBIS S.A.
mail toubis@compulink.gr

Copyright © 1996 VERLAG MICHALIS TOUBIS S.A.
Leoforos Vouliagmenis 519, Ilioupolis 16341, Tel. (01) 9923876, Fax: 9923867, Athen

Der teilweise oder vollständige Nachdruck des Textes oder der Fotografien ist ohne schriftliches Einverständnis des Verlegers nicht gestattet.

2-97

Am Vortag, kurz nach Mitternacht,
"war ich auf der Insel, die Patmos heisst".
Bei Anbruch der Dämmerung war ich oben in Chora.
Das Meer, regungslos wie Metall, verband die umliegenden Inseln.

Kein Lufthauch regte sich in dem immer stärker werdenden Licht.
Die Stille war eine undurchdringliche Schale.
Ich blieb wie angewurzelt durch diesen Zauber;
danach glaubte ich zu flüstern: "Komm und sieh ...".

Georgios Seferis

Patmos: Insel des Christentums, der Kunst, der Schönheit und der Tradition. Eine heilige Insel nennen sie die Christen, die Pilger, die Schriftsteller, die Gelehrten und die Reisenden. Wer Patmos erlebt hat, wem es möglich war, die Insel näher kennenzulernen, kennt sie als Ort der Stille und Zentrum des Mönchstumes. Man nannte sie deshalb eine Stätte des geistigen Ringens und einen Kampfplatz, auf dem der Geist geformt, der orthodoxe Glaube gestählt und die Persönlichkeit geprägt wird. Doch ist Patmos nicht nur geistliche Oase und mächtiger Anziehungspunkt für Tausende von orthodoxen Christen, die hier Ruhe und Heil finden. Es ist auch nicht nur eine Insel der goldenen Strände und felsigen Küsten, auf der man märchenhafte, unvergessliche, veilchenblaue Sonnenuntergänge erlebt und sich dabei in ein Traumland versetzt fühlt. Patmos ist weitaus mehr, es ist ein heiliger Ort, an dem der Himmel sich öffnete und der ewige Gott sich offenbarte! Patmos ist ein lebendiger Ort mit Seele und Charakter, ein wirklicher Schatz mit einer grossen griechischen Überlieferung und einer fruchtbaren geistlichen Gegenwart. Es ist das geistige Auge des ökumenischen Thrones von Konstantinopel. Es ist die heilige Insel der Christenheit und des Griechentums.

Die drei Ortschaften Chora, Skala und Kampos mit ihren, wie man gesagt hat, 365 Kirchen, mit Tausenden traditioneller Bauten, die an stillen Hängen oder malerischen Ufern, auf flachen Hügeln oder an Felsenküsten, an abgelegenen Buchten oder auf windgepeitschten Gipfeln errichtet wurden, deren Krönung der byzantinische Bau des grossen Klosters des Hl. Johannes des Evangelisten und der Hl. Offenbarung sind, bilden gemeinsam mit der Natur von Patmos ein Gemälde von der unglaublicher Schönheit. Es ist eine paradiesische Natur, die zu himmlischen Aufschwüngen aufruft. Die tief eingeschnittene Küste mit den goldenen Sandstränden lädt Jung und Alt ein, sie zu allen Jahreszeiten zu erleben, sich daran zu freuen und sie zu geniessen. Von April bis Oktober sind die Strände Orte der Badefreuden, der Erholung, des Vergnügens und der Ruhe. Wenige griechische Landschaften besitzen solche Naturschönheiten wie Patmos.

Der vorliegende Reiseführer möchte kurz und übersichtlich Archäologie, Kunst, Kultur, Tradition und die orthodoxe Geistigkeit von Patmos darstellen. Das Buch, an dem verschiedene Kenner mit Liebe, Leidenschaft und Ehrfurcht gearbeitet haben, stellt in aller Genauigkeit und Vollständigkeit alles dar, was der Besucher und Pilger über diesen schönen und geheiligten Fleck Erde, der Patmos genannt wird, wissen muss.

Theocharis Mich. Provatakis
Direktor im Kulturministerium

1
PATMOS
Die heilige Insel
der Ägäis
10 - 15

2
DIE NATUR
Lage - Sonne - Licht - Klima
Geomorfologie
16 - 19

3
GESCHICHTE
Mythologie - Griechische Antike - Römische & Byzantinische Zeit
Türkische Herrschaft - Neuere Geschichte
20 - 25

4
HEILIGE AUF DER INSEL PATMOS
Hl. Johannes der Evangelist - Sl. Prochoros
Hl. Christodoulos
26 - 29

5
KULTUR & TRADITION
Die Bewohner und ihre Berufe - Architektur - Die Schule von Patmos
Ostern - Die 1900-Jahrfeier der Offenbarung
30 - 45

6
DIE HL. OFFENBARUNG
Die Höhle der Offenbarung - Das Kloster - Die kleineren Kirchen
Die Bedeutung der Offenbarung für die moderne Welt
46 - 53

7
DAS JOHANNES-KLOSTER
Lage - Gründung - Architektur - Klosterkirche
Kapellen - Bibliothek - Archiv - Museum
54 - 69

8
EIN RUNDGANG DURCH CHORA
Kirchen - Herrenhäuser
Plätze - Gassen
70 - 79

9
KLÖSTER & EINSIEDELEIEN
Evangelismos-Kloster - Kloster Zoodochou Pijis
Kloster Ajia ton Ajion - Einsiedeleien
80 - 91

10
DER HAFEN SKALA
Das Innere der Insel
Der grösste Ort der Insel
92 - 99

11
DAS INNERE & DIE STRÄNDE
Nördlich von Skala
Südlich von Skala
100 - 121

12
DIE NACHBARINSELN
Petrokaravo - Lipsi - Arki - Agathonisi
Wichtige Informationen
122 - 127

1 PATMOS

Auf der Fahrt durch die südöstliche Ägäis entlang der kleinasiatischen Küste erreicht man zwischen Ikaria und Leros die Insel Patmos. Sie scheint aus dem kristallenen Wasser aufzusteigen, wie ein uralter Mythos erzählt. Patmos, Insel der Offenbarung, heilige Insel der Ägäis, die für die Christenheit durch ihren ergreifenden Ruhm zu einem Ort der Verehrung wurde. Die Insel ist voll Religiosität, geheimnisvoller Atmosphäre und friedlicher Schönheit. Ein geheiligter Ort der Sammlung und der Innerlichkeit, aber auch der Erholung. Die Insel versteht es gut, ihre Naturschönheit zu verbergen und sich nur denen zu öffnen, die sie schätzen und achten. Die Landschaft, manchmal mild und dann wieder rauh, ist voll hoher Felsen, die zum Himmel aufragen. Im Mittelpunkt steht das uneinnehmbare, festungsähnliche Kloster des Hl. Johannes des Evangelisten. Es wurde 1088 n.Chr. aus dem lokalen, grau-braunen Stein erbaut und bildet einen starken Kontrast zu den strahlendweissen Häusern, von denen es umgeben ist.

Patmos, die Insel, die nicht ihresgleichen hat, beherbergte den Evangelisten Johannes, und ist bis heute einer der wichtigsten Orte der Christenheit.

Die Höhle, in welcher der Evangelist die Offenbarung, das letzte Buch des Neuen Testamentes, abfasste und das prachtvolle Kloster des Hl. Johannes sind einzigartige Monumente der Orthodoxie, die Tausende von Besuchern und Pilgern anziehen.

Die Kapelle Profitis Ilias

die heilige Insel der Ägais

Bis heute hat Patmos seinen besonderen Charakter unverändert bewahrt. Treu den religiösen Bräuchen, empfängt es den Gast und fesselt ihn schon im ersten Augenblick mit seinem unerklärlichen Zauber. Dieser Zauber rührt von der griechisch-orthodoxen Kultur her, die sich hier entwickelte und mehr als neunhundert Jahre bewahrt wurde. Wegen seiner reichen Überlieferung wurde Patmos ein einzigartiger Mittelpunkt byzantinischer und nachbyzantinischer Studien, deren Ruhm sich auf der ganzen Welt verbreitete. Gleichzeitig wurde sehr behutsam auch die touristische Infrastruktur entwickelt, so dass die Besucher in zeitgemässer Weise beherbergt werden können, ohne dass die Heiligkeit des Ortes davon berührt wurde. Die Insel hat zwei ganz verschiedene Gesichter, die jedoch miteinander harmonisch verbunden sind. Das eine, das tief religiöse, ist das geheimnisvolle, übernatürliche Gesicht der Offenbarung, das andere, das natürliche, hat mit seinen malerischen Landschaften und klaren Gewässern einen ruhigen, friedlichen Charakter.

Im Sommer ist der Hafen von Skala voller Segelboote, Jachten und Kreuzfahrtschiffe. Doch die Atmosphäre auf Patmos ist immer lebendig, gastlich und einzigartig

DIE NATURE
Lage - Sonne - Licht - Klima Geomorfologie

Patmos, die nördlichste Insel der Dodekanes, ist im Norden von Ikaria und Samos, im Osten von Lipsi und im Süden von Leros umgeben. Der Betrachter ist bereits gefesselt, wenn er die ungewöhnliche Form auf der Karte sieht. Ein schmaler Landstreifen von 12,5 km Länge, der sich wie eine gewundene Schnur in der Ägäis erstreckt und dem Salzwasser erlaubt, tief in das Land einzuschneiden, wodurch unzählige kleinere und grössere Buchten entstehen. Bezaubernd ist der unregelmässige Verlauf der Küste, die insgesamt 65 km lang ist. Die schmale Landfläche verengt sich in der Mitte noch stärker, als ob sie sich teilen wollte. Das heutige Patmos unterscheidet sich kaum von dem Patmos, das man auf Stichen in Reisebeschreibungen des 19. Jh. sieht. Alle Elemente der Landschaft tragen das Zeichen der Heiligkeit des Ortes. Die bergige Oberfläche von Patmos ist vulkanischen Ursprungs, grösstenteils felsig und bildet niedrige Bergzüge, Hügel, deren steil abfallende Gipfel zum Himmel aufragen. Und zwischen den Hügeln und dem Meer liegen kleine, tiefgrüne Täler, welche die Landschaft mildern.

Patmos, die Insel der Mondgöttin Selene, das die Göttin Artemis leidenschaftlich liebte, ist fast das ganze Jahr hindurch in Licht getaucht, in das Licht der lebensspendenden Sonne. Deshalb ist das Klima von Patmos mild und selbst in den Wintermonaten angenehm. Im Sommer sorgen Nordwinde für erholsame Frische. An der Ostseite der Insel erheben sich über den weissen Wellenkämmen der tiefblauen Ägäis zahlreiche kleinere Inseln. Die moderne Bautätigkeit respektierte die architektonische Tradition der Ortschaften Chora und Skala. Dazu trug mit besonderem Eifer auch das Johannes-Kloster bei. Auf der Insel fanden bedeutende Kongresse zu Umweltfragen unter Beteiligung von Fachleuten statt und wurden experimentelle Pilotprojekte in der Landwirtschaft in die Wege geleitet, wodurch unfruchtbare Flächen wieder Grün wurden. Für die Bewohner von Patmos ist der Schutz der Natur und die Bewahrung der Überlieferung eine der wichtigsten Sorgen.

Das wesentliche Kennzeichen der Insel ist die Stille. Nur die Glocken des grossen Klosters und die Sirene des Linienschiffes im Hafen durchbrechen die Ruhe und den Frieden der Insel. Patmos ist 34 qkm gross und wird von annähernd 3000 Menschen bewohnt. Aus historischen Gründen ist es mit den Nachbarinseln Arki und Marathos eine Verwaltungseinheit. Kirchlich untersteht es dem ökumenischen Patriarchen und ist ein Exarchat des Patriarchats. Exarch ist der jeweilige Abt des Johannes-Klosters.

Nach Patmos gibt es Schiffsverbindungen von Piräus (163 Seemeilen), Leros, Kalymnos, Kos, Rhodos und Samos. Mit dem Flugzeug kann man Patmos von Athen über die Flughäfen von Leros und Samos erreichen. Von Samos gibt es auch Tragflügelboote nach Patmos.

Der höchste Gipfel der Insel, der Profitis Ilias, liegt im Süden und ist 269 m hoch. Das Klima von Patmos ist ein gemässigtes Mittelmeerklima, der Boden ist vulkanischen Ursprungs und felsig. Es fällt nur wenig Regen. Die ganze Insel bedeckt eine bescheidene Vegetation, vor allem Gebüsch und kleinere und grössere Bäume. Es finden sich Kiefern, Zypressen, Maulbeerbäume, Eukalyptusbäume, verschiedene Obstbäume und vor allem Granatapfelbäume. Wo der Boden geeignet und die Voraussetzungen günstig sind, baut man Zitrusfrüchte an. In der Nähe des Hafens Skala wie auch in den kleinen Tälern der Insel gibt es kleine Gärten und einige Weinfelder.

Aspri, Komanas, Meloi und im Hintergund Skala

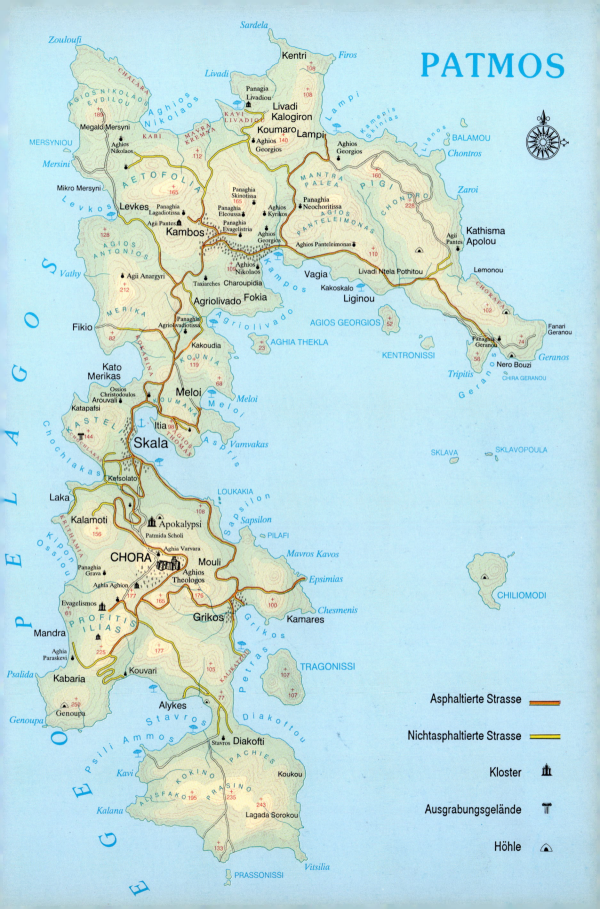

3
GESCHICHTE

Mythologie - Griechische Antike - Römische Zeit
Byzantinische Zeit - Türkische Herrschaft - Neuere Geschichte

Die Göttin Artemis, die im Altertum von den Bewohnern von Patmos verehrt wurde

Ein uralter Mythos berichtet, dass die Insel aus der Tiefe des Meeres auftauchte. Die göttlichen Kräfte von Apollo und Zeus bewirkten dies, um der Göttin Artemis eine Freude zu machen, die die Insel liebte, als sie sie erstmals im Mondlicht sah. Die Sonne schenkte ihr Leben und machte sie wohnlich. Man erzählte, dass Orest hier vor den Erynnien Zuflucht fand, die ihn verfolgten, weil er seine Mutter ermordet hatte. Die Geschichte der Insel beginnt in ferner Vergangenheit, als vor dem 3. Jahrtausend frühgriechische Stämme, Karer, Leleger und Pelasger sich niederliessen, nachdem sie die Nachbarinseln kolonisiert hatten. Als erste Bewohner der Insel gelten die Dorer, denen die Ionier folgten. Die Zeit um das 4. Jh. v.Chr. war für Patmos von besonderer Bedeutung, denn die Ionier schufen damals ein blühendes Staatswesen. Sie erbauten die Stadt und die Akropolis auf dem Kastelli-Hügel, die zu einem Knotenpunkt des Fernhandels wurde. Im 2. Jh. v. Chr. diente die Insel den Römern als Verbannungsort. 95 n.Chr. kam der Evangelist Johannes als Verbannter hierher. Auf Patmos verfasste er das hl. Buch der Offenbarung und bekehrte viele Heiden zum Christentum. Vom 6. bis zum 9. Jh. waren Patmos und die Nachbarinseln infolge von Piratenüberfällen verödet. Im 11. Jh. kam der Hl. Christodoulos nach Patmos, den die stille, einsame Schönheit fesselte und gründete das Kloster des Hl. Johannes. Trotz ständiger arabischer Überfälle und trotz türkischer Besetzung konnte das Kloster seine Privilegien wahren. Gegen Ende des 16. Jh. erlebte Patmos eine neue Phase des Wohlstandes. Schiffahrt und Handel blühten, Skala wurde ein wichtiger Hafen. Man errichtete Lagerhäuser und Chora wurde besser befestigt. Die Bevölkerung nahm zu. Die berühmte Schule von Patmos wurde gegründet, in der bedeutende Persönlichkeiten des Geisteslebens heranwuchsen. Schliesslich kam die Stunde der Befreiung Griechenlands von den Türken.
Patmos blieb jedoch wie die anderen Inseln der Dodekanes bis März 1948 unter italienischer Herrschaft, als die griechische Fahne gehisst wurde.

Mythologie

Patmos, die heilige Insel der Dodekanes, tauchte einst wie Delos, die heilige Insel der Kykladen, aus dem Meer auf.

Der älteste Name der Insel war Letois, denn man glaubte, dass sie ihr Dasein der Göttin Artemis verdankte, der Tochter der Leto. Nach der Mythologie war die Insel am Grunde des Meeres. Einst besuchte die Göttin Artemis das gegenüberliegende Karien, auf dessen Berg Latmos ihr ein Heiligtum geweiht war. Dort begegnete sie Selene, die ihr Licht über das Meer verbreitete und die versunkene Insel erhellte. Immer wieder bat Selene die Göttin Artemis darum, die Insel emporzuheben, und überzeugte sie schliesslich. Die Göttin bat deshalb ihren Bruder Apoll um Hilfe, der seinerseits auf Zeus einwirkte. Dann tauchte die Insel aus der Tiefe des Meeres auf. Der Sonnengott Helios trocknete sie, gab ihr Wärme und Leben. Es liessen sich zahlreiche Siedler hier nieder, die am Berg Latmos gewohnt hatten, und aus anderen Gegenden kamen. Sie gaben der Insel den Namen Letois.

Nach einer anderen Überlieferung ist der Name Patmos von dem Berg Latmos abgeleitet.

Die Mythologie erzählt, dass Orest mit mehreren Argivern auf Patmos Zuflucht fand, als die Erynnien ihn verfolgten. Den ersten grossen Tempel für Artemis errichtete er genau dort, wo 1088 der Hl. Christodoulos beschloss, das Johannes-Kloster zu erbauen.

Altertum

Nach Meinung der Forscher waren Dorer die ersten Siedler der Insel, denen die Ioner folgten. Zwischen dem 6. und dem 4. Jh. v.Chr. blühte auf dem Kastelli-Hügel (oberhalb des heutigen Skala) eine Stadt mit ihrer Akropolis. Hier lebten etwa 12.000 - 15.000 Menschen und es gab Heiligtümer des Zeus, des Apoll, der Artemis und des Dionysos. Die klassischen Schriftsteller berichten nur wenig über die Insel. Thukydides erwähnt sie und beschreibt, dass General Paches im Jahr 428 v.Chr. die Schiffe von Mytilene "bis zur Insel Patmos" verfolgte.

Römische Zeit

Obwohl Patmos an dem Seeweg von Rom nach Ephesos lag, war es doch nur eine Insel der Verbannten. Als Johannes, der Jünger Christi, in Ephesos lehrte, wo er eine Gemeinde begründet hatte, kam es unter Kaiser Domitian zu Christenverfolgungen. Auch Johannes wurde ein Opfer der Verfolgungen, er wurde verhaftet und nach Patmos verbannt (95 n.Chr.). Hier, auf der Insel seiner Verbannung, verkündete der Evangelist das Wort Gottes, bekehrte viele Heiden zum Christentum und gründete auf Patmos eine Gemeinde. Er wohnte in einer Höhle, die später "Höhle der Offenbarung" genannt wurde, in der er im Auftrag Gottes und mit dessen Erleuchtung seinem Schüler Prochoros den Text der Offenbarung diktierte.

Die Ermordung Domitians im Jahre 96 v.Chr. brachte das Ende der Verfolgungen und damit auch das Ende der Verbannung des Evangelisten Johannes. Der neue Kaiser Nerva gestattete ihm, nach Ephesos zurückzukehren und sein Wirken fortzusetzen.

Die Religionsfreiheit, die nach dem Erlass von Konstantin dem Grossen im 4. Jh. herrschte, trug dazu bei, dass die Insel ein Ziel für Pilger wurde. Diese Blüte der Insel hielt bis in das 7. Jh. an. Dann wurde die Insel nach dem Ausbruch der Feindseligkeiten zwischen Byzanz und den arabischen Srazenen geplündert und verwüstet.

Das Johannes-Kloster
und der Hl. Christodoulos, sein Gründer. Stich, 1755

Byzantinische Zeit

Für Patmos begann im 11. Jh. eine neue Blütezeit im 11. Jh., als der Hl. Christodoulos auf die Insel kam. Er stammte aus Bithynien, wo er auf einem Berg die ersten Jahre seines Asketenlebens verlebt hatte (s. Kapitel 4, S. 28).
1088 gründete er das Johannes-Kloster. Im Laufe der Zeit erwarb sich das Kloster ausserordentliche Privilegien und die Zahl der Stiftungen und Schenkungen war sehr gross. Das 12. Jh. war für Patmos eine sehr schwierige Zeit, da es ständig von Piraten überfallen wurde und Bischöfe der benachbarten Bistümer sich einmischten. Gegen Ende dieses Jahrhunderts belebte sich dank der fähigen Verwaltung des Klosters und des Schutzes, den Kaiser und Patriarchen gewährten, die Insel wieder.
Im Anschluss an die Eroberung Konstantinopels durch die Kreuzritter 1204 wurde Patmos 1207 von den Venezianern besetzt. Auf Wunsch des Papstes blieb das Kloster jedoch unbehelligt.

Für Patmos, das Kloster und die Menschen waren die Seeräuber immer eine schreckliche Prüfung. Um sich in den unterschiedlichsten Gefahren behaupten zu können, pflegten die Mönche des Johannes-Klosters gute Beziehungen zum Papst, zu Venedig und verschiedenen Herrschern des Westens sowie den Rittern des Johanniterordens auf Malta. Das starke Interesse des Papstes am Kloster wird durch eine grosse Anzahl von erhaltenen Dokumenten belegt. In byzantinischer Zeit gehörte die Insel verwaltungstechnisch zu Samos und kirchenrechtlich der Grossen Kirche Christi.

Die Zeit der türkischen Herrschaft

Wie auch die anderen Inseln der Dodekanes war Patmos von 1523 - 1912 von den Türken beherrscht, doch war das Joch nicht besonders drückend. Die Insel wurde zwar schwer besteuert, doch durfte sie ihre Selbstverwaltung behalten.

Die Herrschaft der Türken schränkte die Seeräuberei in der Ägäis ein, wodurch die Schiffahrt allmählich aufblühen konnte. Der wirtschaftliche Aufschwung und die Blüte wurden später erneut zerstört. Die Insel wurde überfallen und geplündert. Harte Jahre folgten, es gab eine Krise des Handels und die Bevölkerung nahm ständig ab. Eine neue Zeit des Aufschwungs begann für Patmos 1669, als zahlreiche Kreter auf der Insel niederliessen, die aus ihrer Heimat geflohen waren. Das wichtigste Ereignis des 18. Jahrhunderts war für die Insel die Gründung der Schule von Patmos durch den Mönch Makarios Kalojeras.

Die Insel Patmos auf einem Aquarell

Der Hafen Skala, die Offenbarung und das Johannes-Kloster auf einem Stich

Trachten von Patmos. Kolorierter Stich, Nationalbibliothek, Paris

Neuere Zeit

Am Vorabend des griechischen Freiheitskampfes von 1821 war Patmos mit seiner berühmten Schule ein nationales und geistiges Zentrum. Die Einwohner der Insel beteiligten sich mit ihren Schiffen an den Kämpfen. Drei der herausragenden Kämpfer von 1821 stammten aus Patmos: Theophilos, der Patriarch von Alexandrien, Emmanouil Xanthos und Dimitrios Themelis.

Theophilos Pankostas stammte aus der bedeutenden Familie Pankosta, die grosse Persönlichkeiten wie Parthenios hervorbrachte, der 1617 das Nonnenklosters Zoodochos Pijis gründete. Theophilos war ein Zögling der Schule von Patmos gewesen und wurde 1805 zum Patriarchen von Alexandria gewählt. 1819 kam er nach Patmos, wo er aktiv am nationalen Befreiungskampf teilnahm, dem er treu diente. Emmanouil Xanthos, einer der drei Gründer der Geheimgesellschaft "Filiki Eteria" hatte die Schule von Patmos absolviert und reiste mit 20 Jahren als Händler durch den Balkan, Europa und vor allem durch Russland, wo er sich 1814 niederliess. 1820 überzeugte er Alexander Ipsilantis, die Führung der "Filiki Eteria" zu übernehmen. Zum nationalen Freiheitskampf von 1821 leistete er bedeutende Beiträge. Dies erkannte auch die Oberste Kommission des Kampfes, die Xanthos "einen aussergewöhnlichen Platz" anwies.

Auch Dimitrios Themelis hatte die Schule von Patmos besucht und begann als Händler auf dem Balkan. Er wurde Mitglied der "Filiki Eteria", übernahm 1821 die Leitung des Kampfes auf den Inseln der Ägäis und baute die lokalen Kommissionen auf. 1824 wurde er Bevollmächtigter der Insel in der Nationalversammlung in Argos. 1825 wurde er zusammen zwei weiteren Kämpfern der Leiter "aller politischen und militärischen Angelegenheiten des Westgriechenlands". Er starb 1826 in Mesolongi bei der Belagerung der Stadt durch die Türken.

HEILIGE AUF DER INSEL PATMOS

Hl. Johannes, der Evangelist, Hl. Prochoros Hl. Christodoulos

Der Evangelist Johannes mit seinem Schüler Prochoros

Zwei grosse Persönlichkeiten der Orthodo-xie, der Evangelist Johannes und der Gründer des Johanes-Klosters, der Hl. Christodoulos gaben der Insel durch ihren Aufenthalt ihren Segen, der für Patmos das wertvollste Erbe ist. Der dritte heilige Persönlichkeit ist der Hl. Prochoros. Die religiöse Überlieferung berichtet, dass er über das Leben und die Wundertaten des Hl. Johannes schrieb, dem er überallhin folgte.

Der Hl. Johannes, der Evangelist

Das schriftstellerische Werk des Hl. Johannes umfasst das "Evangelium des Johannes", die "Offenbarung" und drei Briefe. Johannes war ein einfacher Fischer vom See Genezaret. Mit seinem Bruder Jakobus, der ebenfalls ein Jünger Christi war, und dem späteren Apostel Petrus ging er gemeinsam auf Fischfang. Der Vater hiess Zebbedäus, die Mutter Salome. Johannes und Jakobus waren leicht erregbare Charaktere, deshalb nannte Christus sie "Söhne des Donners". Johannes gehörte mit Petrus zum engsten Jüngerkreis, er wird in allen schweren Augenblicken des Lebens Christi erwähnt. Bei der Verklärung Christi waren nur diese beiden gegenwärtig, wie auch bei dem Wunder der Auferweckung der Tochter des Jairus und dem Gebet des Herrn in Gethsemane. Johannes war der Lieblingsjünger Christi, dem er die Sorge für seine Mutter anvertraute, als er gekreuzigt wurde. Bei der Ausbreitung des Christentums spielte er eine wichtige Rolle. Er begab sich nach Samaria, wirkte mit seinem Bruder und Petrus vor allem in Palästina und war in Ephesos tätig. Hier verfasste er das Evangelium und die drei Briefe. Während der Juden- und Christenverfolgungen unter Domitian (81-96 n.Chr.) wurde er mit seinem Schüler Prochoros nach Patmos verbannt, wo er die Offenbarung niederschrieb (95 n.Chr.).

Nach Domitians Tod kehrte er nach Ephesos zurück, wo er das Christentum verkündete. Er starb 104 n.Chr. im Alter von 99 Jahren und wurde in Ephesos bestattet.

Die Kirche feiert sein Gedächtnis am 8. Mai und seinen Heimgang am 26. September. Beide Tage sind auch für das Johannes-Kloster auf Patmos hohe Feiertage.

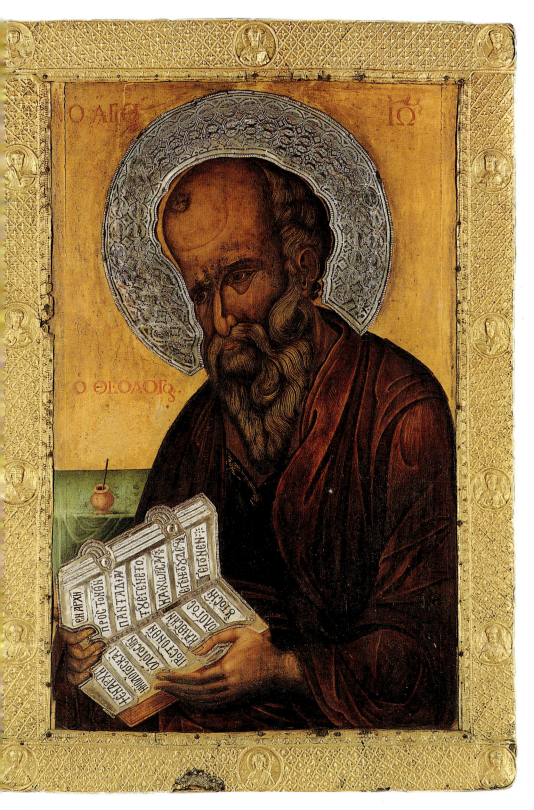

Der Hl. Christodoulos

Der Hl. Christodoulos wurde 1021 in Nikäa in Bithynien geboren. In dieser Landschaft lebte er auch zuerst als Asket auf dem Berg Olympos, unternahm eine Pilgerfahrt nach Rom und in das Heilige Land (er hielt sich in der Wüste Palästinas auf). Danach begab er sich nach Kleinasien auf den Berg Latros bei Milet. Hier beschloss er, mit anderen Asketen in klösterlicher Gemeinschaft zu leben. Später wurde er Abt des Klosters Ajia Lavra. Die Überfälle der Sarazenen zwangen ihn dazu, diesen Ort zu verlassen. In Strovilos an der kleinasiatischen Küste fand er Zuflucht und Arsenios Sikouris übertrug ihm die Leitung des dortigen Klosters, das bei Halikarnass lag. Als sich aber die seldschukischen Türken ausbreiteten, begab er sich auf das gegenüberliegende Kos,

Der Hl. Christodoulos übergibt das Kloster

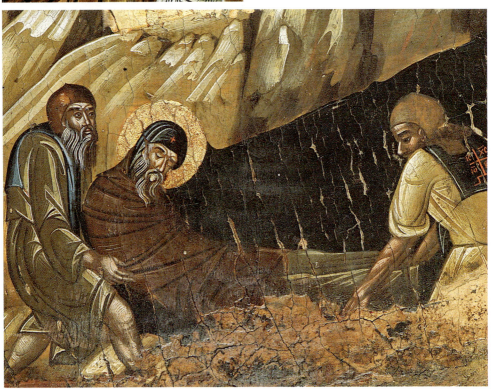

wo er mit den Mönchen, die ihm gefolgt waren, ein Kloster zu Ehren der Gottesmutter auf dem Pilios-Hügel auf einem Grundstück gründete, das er von Arsenios Skinouris persönlich erhalten hatte.

Patmos übte auf den Hl. Christodoulos eine so starke Anziehungskraft aus, dass er 1088 in Konstantinopel Kaiser Alexios I. Komninos darum bat, ihm die Übersiedelung aus dem fruchtbaren Kos zu gestatten. Zuerst lehnte der Kaiser ab, doch stimmte er schliesslich zu, nachdem seine Mutter Anna vermittelt hatte. Mit einer Goldbulle erhielt Christodoulos vom Kaiser die alleinige Verfügungsgewalt über die Insel übertragen.

Der Hl. Christodoulos war ein unnachgiebiger Asket, streng, ein erfahrener Arzt, ein ausserordentlich frommer Mönch und ein tatkräftiger Klostergründer. Er kam nach Patmos in Begleitung zahlreicher hochgebildeter Mönche, mit der kaiserlichen Goldbulle und einer bedeutenden Bibliothek. Im August 1088 gründete er das Kloster, das er dem Hl. Johannes weihte.

Der Begründer des Mönchtums auf Patmos beseitigte jede Spur des Heidentums, die es auf der Insel noch gab.

Ohne jedoch sein Werk wirklich abschliessen zu können, war der Hl. Christodoulos wiederum gezwungen, die Insel zu verlassen. Der Grund waren die Piratenüberfälle.

Er liess sich deshalb auf Euböa nieder, wo er am 16. März 1093 verstarb. Sechs Tage vor seinem Tod setzte er sein Testament auf, in dem er die Mönche bat, das Werk, das er in Patmos begonnen hatte, weiterzuführen und seine sterblichen Überreste in das Kloster zu überführen. Dies geschah nach dem Ende der türkischen Überfälle.

Zweimal jährlich feiert man auf der Insel die Erinnerung an den Heiligen. Am 16. März (Todestag) und am 21. Oktober (Tag der Überführung seiner Reliquien).

Der Tod des Hl. Christodoulos

Der Hl. Prochoros

Prochoros war einer der sieben Diakone, welche die Apostel einsetzten. Später wurde er Bischof von Nikomedia. Nach der Überlieferung folgte er dem Evangelisten Johannes nach Patmos und schrieb über dessen Leben, Wundertaten und apostolisches Wirken. Gelegentlich wurden Zweifel daran geäussert, ob Prochoros tatsächlich ein Schüler des Johannes war, da Kirchenschriftsteller der ersten christlichen Jahrhunderte seinen Namen nicht erwähnen wird und in seinen Texte Fehler und Ungenauigkeiten zu finden sind. Andere Forscher sind hingegen der Meinung, dass diese Fehler beim späteren Abschreiben der Texte entstanden sind.
Der Hl. Prochoros wird am 28. Juni gefeiert.

Der Evangelist Johannes diktiert dem Hl. Prochoros die Offenbarung. Nach der Überlieferung schrieb der Hl. Prochoros auch über das Leben, die Wundertaten und das apostolische Wirken des Hl. Johannes

5

KULTUR & TRADITION

Die Bewohner und ihre Berufe - Architektur - Die Schule von Patmos - Ostern - Die 1900-Jahrfeier der Offenbarung

Die kulturelle Tradition von Patmos reicht zweifellos nicht so weit zurück wie die religiöse Geschichte. Lange Jahrhunderte war die Heilige Insel so verödet, wie sie der Hl. Johannes kennengelernt hatte. In das Ende 11. Jh. ist eine erste Phase der Bautätigkeit zu datieren, als der Hl. Christodoulos mit der Errichtung des Klosters begann. Mit der der Zeit nahm die Bevölkerung der Insel deutlich zu, da es das Kloster gab, aber auch, weil Flüchtlinge aus Konstantinopel, Rhodos und Kreta auf Patmos Zuflucht fanden. Das Zusammentreffen von Menschen mit den unterschiedlichsten Lebenserfahrungen, Gewohnheiten und Kulturen führte zu einer aussergewöhnlichen kulturellen Mischung, die entscheidend zur wirtschaftlichen, gesellschaftlichen und geistlichen Blüte der Insel beitrug. Höhepunkt dieser Blütezeit war die Gründung der Schule von Patmos, einer der berühmtesten Schulen des Griechentums. Patmos unterschied und unterscheidet sich jedoch von allen anderen Inseln durch die lange Tradition, die auf der tiefen Frömmigkeit und Gläubigkeit aller Bewohner beruht. Ihren Höhepunkt erlebt diese Tradition alljährlich an Ostern während der Karwoche mit der Darstellung der Geschehnisse aus dem Neuen Testament. Es sind prachtvolle Zeremonien, an denen die Gläubigen lebhaft Anteil nehmen und einzigartige Bräuche, deren Ursprung sich in ferner Vergangenheit verliert.

Diese eindrucksvolle Zeremonien sind aber gleichzeitig so bedeutsam wie die einzigartige Überlieferung auf Patmos, die sie weiterhin lebendig hält ...

Die Bewohner und ihre Berufe heute

Die Bewohner der Insel sind Fischer und Bauern, die das Land an den wenigen fruchtbaren Stellen bebauen.
Die Insel umgeben Hunderte kleinerer, felsiger Inseln sowie viele Meeresgrotten, Klüften und Felsspalten, in denen die Fischer reichen Fang machen.
Andere "Patiniotes", wie sich die Einheimischen nennen, sind in den alten Berufen des Maurers, Tischlers, Imkers, Schneiders, Stickers, Schlossers, Schiffsbauers, Hirten und Bäckers tätig. In den Sommermonaten arbeiten viele Einheimische in den Hotels, die für die Gäste bereitstehen. Auf Patmos gibt es auch entzückende kleine Läden mit Andenken aller Art, deren herzliche und lebhafte Besitzer dem Besucher jeden Wunsch von den Augen ablesen. In den letzten Jahren hat sich auch die byzantinische Ikonemalerei

in bemerkenswerter Weise entwickelt. Zu der ganz eigenen Schönheit der Insel gehören auch die Boote mit den Bootsleuten, die kleineren Schiffe mit ihren Kapitänen, die kleinen malerischen Cafs, in denen Meeresfrüchte, hausgemachte Süssigkeiten und die schmackhaften Brote der Festtage serviert werden. Die alten Häuser und die Hotels auf Patmos mit ihrem modernen Komfort sind gemeinsam ein Charakteristikum dieser malerischen Insel der Geschichte, Legenden und Traditionen.
Natürlich gibt es auf der Insel auch malerische kleine Tavernen, in denen man frischen Fisch und traditionelle Gerichte geniessen kann, und Konditoreien mit einheimischen Süssigkeiten. Überall findet man kleine Lokale mit gegrilltem Oktopus, Wein vom Fass, köstlichem einheimischem Brot und süssen Käsetaschen.

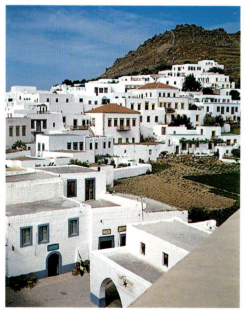

Die Architektur

Die Architektur von Chora ist ein wesentlicher Bestandteil der Kultur von Patmos und heute ein bedeutender Forschungsgegenstand, denn sie ist eines der wenigen Beispiele byzantinischer Architektur. Der erste bauliche Kern der Insel, der zu Anfang des 12. Jh. entstand, gruppiert sich um das Kloster, das Sicherheit und Schutz vor Piratenüberfällen bot. Im Laufe der Zeit wuchs die Bevölkerung der Insel durch Zuwanderer von Nachbarinseln und Flüchtlinge, doch blieb Chora seiner architektonischen Gestalt treu, deren Mittelpunkt immer das Kloster war. Nach 1522 jedoch, nachdem Rhodos von den Türken erobert worden war, begann der Bau grosser Herrenhäuser - das älteste ist das der Familie Soufoulios - fern vom Schutzbereich des Klosters. Dadurch erhielt der Ort allmählich einen ländlichen Charakter. Der venezianische Überfall auf Patmos schwächte das Kloster ganz wesentlich. Die anschliessende Niederlassung von Flüchtlingen aus Kreta (1669) beschleunigte die Veränderungen der gesellschaftlichen Struktur, die sich in der Anlage des ersten Platzes, der Platia Ajias Levias, spiegelt. Anfang des 18. Jh. kam es zu einschneidenden architektonischen Veränderungen: Verdichtung der baulichen Substanz und Zusammenwachsen der getrennten Ortsteile "Allotinon - Kritikon", Zerstückelung der grossen Besitztümer, Erweiterung der befestigten Zone. Im 19. Jahrhundert wurde das wirtschaftlich und gesellschaftlich mächtige Patmos stark vom Klassizismus beeinflusst, einer Stilform mit nationalen Dimensionen, die jedoch mit der früheren baulichen Entwicklung der Insel nicht im Einklang stand. Heute, mehr als 900 Jahre nach der ersten Bauphase, hat Patmos die unterschiedlichen Elemente assimiliert und vereinigt. Dadurch bewahrt es seinen eigenen Stil, den von wenigen Ausnahmen abgesehen ist die Insel weiterhin traditionell, eindrucksvoll und einzigartig.

Bauliche Gestaltung und Kunst

Kultur und Überlieferung lassen sich auf Patmos nur schwer trennen. Sie haben nämlich beide einen einzigen Ursprung, den Glauben an die Existenz und Allmacht Gottes. Es ist der gleiche Glaube, der den Hl. Christodoulos seinen Landbesitz auf Kos gegen das einsame und unbewohnte Patmos vertauschen liess, um hier im Namen des Evangelisten ein Kloster zu erbauen. Die Gründung des Johannes-Klosters im Jahre 1088 durch den Hl. Christodoulos hatte auf die architektonische Gestaltung der Insel entscheidenden Einfluss. Am Bau des Klosters arbeiteten viele Menschen gemeinsam, Mönche, Handwerker, Baumeister und Arbeiter der Nachbarinseln.

Die erste Siedlung der Insel wurde unter den Mauern des Klosters von den einfachen Menschen geschaffen, die sich hier mit ihren Familien niederliessen. Im Laufe der Zeit wuchs die Einwohnerzahl dieses Ortes durch Neuansiedler, die im Dienste der Klosters standen.

1453 kamen nach dem Fall von Konstantinopel viele Flüchtlinge auf Patmos. Sie wurden an der Westseite des Klosters in dem Ortsteil ansässig, der heute "Allotina" heisst. In gewisser Weise beeinflussten sie die Kultur der Insel, da sie neue Lebensformen, neue Sitten und Bräuche mitbrachten.

Die Eroberung von Rhodos durch die Türken 1552 verursachte eine neue Flüchtlingswelle. Es entstand "Soufouliou", das seine eigene Verteidigungsanlage hatte. Es folgten andere, ähnliche Siedlungen wie "Matali" (1599), "Pankosta" (1606), "Mousoudaki" (1625) und "Sifantou" (1636).

In dieser Zeit war das Kloster der Mittelpunkt des Lebens der Ortschaft wie auch der ganzen Insel. Es erfüllte alle gesellschaftlichen Ansprüche der Bewohner und ersetzte den Marktplatz, in ihm konzentrierten sich alle Aspekte des täglichen Lebens der Inselbewohner wie Feste, Feierlichkeiten usw.

Das Kloster fungierte ausserdem als Bank, Grundbuchamt und Notariat und gelegentlich sogar als Gericht. 1669 kamen neue Flüchtlingswelle aus Kreta auf die Insel, nachdem die Türken das heutige Iraklio erobert hatten. Die neuen Siedler liessen sich östlich des Klosters nieder und bedeutsam ist, dass sie mit der Platia Ajia Levias, an der sie wohnten, einen ersten städtebaulichen Mittelpunkt schufen.

Im Laufe der Jahre veränderte sich die bauliche Gestalt der Insel sehr rasch. Die Häuser wurden zahlreicher und neue Ortsteile wie "Aporthianon" entstanden, wo Kapitäne wohnten, die von hier ihre Schiffe sehen konnten, die im Hafen von Skala vor Anker lagen.

Oben: Das Rathaus von Chora und der Brunnen des Herrenhauses Mousoudakis
Unten: Haus auf Patmos an der Küste

Zu Beginn des 19. Jh. brachten wirtschaftliche und gesellschaftliche Macht der Insel es mit sich, dass der Klassizismus übernommen wurde, eine Stilform, die sich in ganz Griechenland durchsetzte. Obwohl diese Bauweise nicht ohne weiteres vollständig übernommen werden konnte (wegen des geringen Abstandes der Gebäude), sind doch viele Häuser vom Klassizismus beeinflusst. 1870 wurde das Rathaus in Chora wurde in diesem Stil erbaut. Das Baumaterial der Häuser war überwiegend Stein, der aus den beiden Steinbrüchen von Chora kam.
Die Dachkonstruktion bestand aus den Balken einer Zypressenart. Weitere Baumaterialien waren Schilf und Gestrüpp, die für die Dächer verwendet wurden. Zusätzlich verwendete man Ton, aus dem die Kacheln für die berühmten Fussböden gebrannt wurden.

Oben: Das Rathaus von Chora und der Rathausplatz
Unten: Das Herrenhaus (Museum) Simantiris in Chora

Die Schule von Patmos

Im 18. Jh. war die Gründung der Schule von Patmos im Rahmen des Klosters durch Makarios Kalo jeras das wichtigste Ereignis für die Insel. Heute befindet sich die Schule etwas oberhalb der Höhle der Offenbarung. 1713 nahm sie nahm den Unterricht mit einigen aus Patmos stammenden Schülern im Gebäude des Offenbarungs-Klosters auf. Ihr Ruhm verbreitete sich rasch und die Zahl der Schüler nahm zu, die nicht nur aus ganz Griechenland kamen, sondern auch aus der griechischen Diaspora des Auslandes.
Sie entwickelte sich zu einer der berühmtesten Schulen des Griechentums, deren Schwergewicht auf sprachlichen Kenntnissen und orthodoxer Theologie lag. Die Schule leistete bis 1912, als sie nach Besetzung der Inseln der Dodekanes durch die Italiener ihren Betrieb einstellen musste, der unterdrückten griechischen Nation unschätzbare Dienste. Hier unterrichteten bedeutende Lehrer ihre Schüler in griechischer Sprache und Literatur.
Später wirkten diese Schüler überall, wo es Griechen gab, als orthodoxe Priester, Gelehrte, Wissenschaftler und Botschafter der griechischen Unabhängigkeit. Einer der herausragenden Absolventen der Schule von Patmos war Emmanuil Xanthos, einer der drei Gründer der Filiki Eteria
(s. Geschichte S. 25).
1947 nahm die Schule von Patmos in einem neuen Gebäude neben dem alten ihren Betrieb wieder auf. Heute ist sie eine kirchliche Ausbildungsstätte, in der Schüler aus ganz Griechenland unterrichtet werden.

Diener des Herren im Pronaos der Kirche des Johannes-Klosters beim Abendgottesdienst

Ostern auf Patmos

Ostern, das wichtigste Fest der orthodoxen Christenheit wird auf der heiligen Insel Patmos mit besonderer Pracht gefeiert.
Die Gottesdienste der Karwoche im Johannes-Kloster folgen der byzantinischen Überlieferung und alle Bewohner der Insel fasten streng.
Die Gottesdienste beginnen abends um 9 Uhr und dauern viele Stunden. Dabei werden lange, erbauliche Texte verlesen.
Am Gründonnerstag findet um 11.00 Uhr vormittags auf der Platia Xanthou die Zeremonie der Fusswaschung statt. Sie beruht auf byzantinische Darstellungen der Leiden Christi und ist ein Anziehungspunkt für die Menschen der Inseln der Dodekanes, dem übrigen Griechenland und dem Ausland. Dieser Brauch wurde bereits in der Zeit der türkischen Herrschaft gepflegt, als das griechische Volk durch den orthodoxen Glauben und die Sprache seine Identität bewahrte.
Der Verlauf der Feier, die auch in Jerusalem stattfindet, folgt getreu dem Neuen Testament. Sie erinnert an die Fusswaschung der Jünger durch Christus nach dem Abendmahl. Der Abt ist als Christus gekleidet, zwölf Mönche stellen die zwölf Jünger dar. Bei der Verlesung der entsprechenden Stellen aus den Evangelien findet zwischen ihnen ein Dialog statt. Der jüngste Mönch übernimmt die Rolle des Judas. Alle tragen leuchtendrote, mit Blumen verzierte Gewänder. Paarweise betreten sie den Ort der Feier in Begleitung von zwei Diakonen, die Weihrauchgefässe tragen, und nehmen ihre Plätze ein.
In der Mitte der Bühne brennt eine Fackel, daneben steht das Becken für die Fusswaschung der Jünger. Der Abt zieht sich dann wie Jesuas am Ölberg zum Gebet zurück. Es singt ein Chor von Schülern des Priesterseminars der Schule von Patmos, viele Persönlichkeiten des öffentlichen Lebens sind anwesend.
Am Gründonnerstag wird während der Lesung aus den Evangelien das Kreuz unter andächtigem Schweigen in einer Prozession getragen. Am Karfreitag feiert man im Johannes-Kloster

Die Fusswaschung

und in den anderen Kirchen die Kreuzabnahme mit besonderer Pracht. Am Abend findet die Grabesprozession im Hof des Klosters statt, bei den anderen Kirchen bewegt sich der Zug durch die umliegenden Gassen.
Sehr schön ist auch die erste Feier der Auferstehung, wenn der Abt, der ein kostbares, besticktes Gewand trägt, Rosen- und Lorbeerblätter über die Gläubigen inner- und ausserhalb der Kirche verstreut.
Am Abend des Karsamstags beginnt die Feier der Auferstehung mit dem Anschlagen eines "Politalanto". Kurz vor Mitternacht werden im Kloster an alle Gläubigen Kerzen aus Bienenwachs verteilt und der Duft des reinen Wachses verbreitet sich überall, wenn das Licht der Auferstehung entzündet wird.
Genau um Mitternacht ertönt der Ruf "Christus ist auferstanden", der von frohem Glockenklang begleitet wird.

Man sollte die Kirche nicht bei dem "Christus ist auferstanden" verlassen, denn der Auferstehungsgottesdienst in der Kirche des Johannesklosters ist einzigartig. Die triumfalen Hymnen der Auferstehung, die Lesung des Textes "Abstieg in den Hades", die Zeremonie "Öffnet die Tore" beim Einzug aus dem Klosterhof und die Worte der Liturgie des Hl. Johannes Chrysostomos bilden eine einzigartige Einheit. Nach der Auferstehungsfeier gibt es eine Mahlzeit, bei der man die traditionellen "Majiritsa" isst, die nach dem Fasten in der Karwoche unabdingbar ist. Am folgenden Tag begibt sich ganz Patmos zum Abendgottesdienst ins Kloster, bei dem das Evangelium in zahlreichen fremden Sprachen verlesen wird und der Abt des Klosters rote Ostereier verteilt. Die Stimmung ist festlich und ausgelassen und bildet einen starken Gegensatz zur Trauer der Karwoche.

Am Dienstag nach Ostern erlebt man auf der Platia Ajia-Levia einen einzigartigen Brauch. In prunkvolle Gewänder gekleidete Mönche bringen die Reliquien der Heiligen und die hl. Ikonen aus dem Kloster und tragen sie in die verschiedenen Pfarrkirchen der Insel. Der Abt segnet sie und die Gläubigen verehren sie. Nach einem Gottesdienst in Chora bewegt sich die Prozession wieder zum Kloster. Früher ging der Abt durch die Felder und segnete die künftige Ernte. In den Köstern des Berges Athos und in Karies geschieht dies am Ostermontag, wenn die wundertätigen Ikonen verehrt werden.

In Patmos bringen die Geistlichen nach dem Gottesdienst die hl. Ikonen in die Häuser der Gemeinden und segnen sie für ein neues, erneuertes Leben. Am Abend gibt es auf dem Hauptplatz von Skala eine Veranstaltung der Gemeinde, bei der den Besuchern österliche Spezialitäten und Wein angeboten werden. Die jungen Männer und Frauen tanzen in einheimischer Tracht die Tänze von Patmos und der Inseln der Dodekanes.

Die 1900-Jahrfeier der Offenbarung

Vom 23. bis 26. September 1995 wurde auf Patmos offiziell in aller Festlichkeit die Feier der 1900 Jahre seit der Abfassung der Offenbarung auf der heiligen Insel begangen. Das herausragende Ereignis der Feierlichkeiten war das Zusammentreten des 2. Konzils der Orthodoxen Kirchen unter dem Vorsitz des ökumenischen Patriarchen Bartholomäus. Im Rahmen der Feierlichkeiten fanden auch zwei bedeutende Kongresse statt, ein wissenschaftlicher über die Offenbarung und ihre Bedeutung und ein zweiter über Umweltfragen. Und natürlich war die 1900-Jahrfeier der Offenbarung von zahlreichen religiösen und kulturellen Veranstaltungen begleitet. Ausstellungen von Ikonen, eine Ausstellung von Werken zeitgenössischer Künstler, eine Theateraufführung und ein Konzert mit Irini Papas, Veranstaltungen mit religiösem Charakter, an denen eine grosse Anzahl von Gläubigen teilnahm. Unter den zahlreichen offiziellen Gästen waren auch der griechische Staatspräsident und der Ministerpräsident, Kirchenfürsten und geistliche Würdenträger.

DIE HL. OFFENBARUNG

Die Höhle der Offenbarung - das Kloster - die kleineren Kirchen - die Bedeutung der Offenbarung für die moderne Welt

"Dies ist die Offenbarung Jesu Christi, die ihm Gott gegeben hat, seinen Knechten zu zeigen, was in Kürze geschehen soll ..." Mit diesen Worten, einfachen und doch von Gott inspirierten Worten, die schmucklos und deshalb so wesentlich sind, beginnt der Text der Offenbarung. Dieses prophetische Buch ist das herausragende Beispiel eschatologischer Philosophie, ein Buch, das vom Wort Gottes selbst durchdrungen ist: "Ich, Johannes ... war auf der Insel, die Patmos heisst, um des Wortes Gottes willen und des Zeugnisses von Jesus. Ich wurde vom Geist ergriffen am Tag des Herrn und hörte hinter mir eine grosse Stimme wie von einer Posaune, die sprach: Was du siehst, das schreibe in ein Buch und sende es an die sieben Gemeinden."

Johannes fand als Verbannter mit festem Glauben an Gott und dem Wunsch nach Abgeschiedenheit und Meditation in der bescheidenen Höhle des damals vereinsamten Patmos eine einzigartige Zuflucht. Und hier, in dieser heiligen Höhle, wurde er Zeuge und Teilhaber der göttlichen Offenbarung über die künftigen Ereignisse. Wie er selbst sagt, war er nur ein Mittel, durch das sich Gott ausdrückte. Deshalb ist die Offenbarung auch der einzige Text von den unzähligen Schriften der apokalyptischen Literatur, der anerkannt wurde und in den Kanon des Neuen Testamentes als letztes Buch der Hl. Schrift aufgenommen wurde. Dieses tiefgründige Werk beeinflusste Kunst, Politik und auch das liturgische Leben der Kirche. Gegenüber allen, die es zu erklären versuchten, erwies es sich als hermetisch verschlossen und schwer deutbar, doch ist es immer neuen Auslegungen oder Darstellungen zugänglich. Das Werk des Johannes zeichnet sich durch seine poetische Deutlichkeit und vielfach auch durch seinen Surrealismus aus, weshalb es Dichter und Künstler anzieht. Für die orthodoxe Theologie ist es ein inspirierter heiliger Text, der zur Busse aufruft. Wollte man ihn mit einem musikalischen Konzert vergleichen, dann könnte man sagen, dass die Motive sich wiederholen, das Finale aber in den Händen Gottes liegt. Es sind inzwischen mehr als 1900 Jahre vergangen und die geheimnisvolle Flamme der Offenbarung ist heute noch lebendig zu spüren in den Wölbungen des Felsens, in dem Kopfkissen des Johannes, dem schlichten Pult, das sein Schüler benutzte, und vor allem aber in der dreifachen Öffnung der Decke, dem handgreiflichen Hinweis auf die Hl. Dreifaltigkeit. Die göttliche Gegenwart wird in der Höhle der Offenbarung, der Hoffnung und der Erlösung niemals verblassen.

Die Höhle der Offenbarung

Patmos ist die Insel, auf der Johannes, der Lieblingsschüler Christi in der Verbannung lebte, und die Höhle ist der Ort, wo er die Offenbarung niederschrieb. Sie liegt etwa auf halbem Weg zwischen Skala und Chora. Heute umgibt das Offenbarungs-Kloster die heilige Höhle, das in unregelmässiger Form um sie herumgebaut wurde. In dieser Höhle begann der Dialog der Liebe zwischen der Orthodoxie und der römisch-katholischen Kirche. Man steigt zu der heiligen Höhle hinunter, geht durch den mittleren Hof und einige Stufen hinab. Rechts steht die Kapelle Ajios Artemios, die in das 18. Jh. datiert wird. Man geht weiter hinunter bis zu einem Balkon, von dem man rechts die Kuppel des Kirchenschiffs der Kirche Ajia Anna sieht und links den Glockenturm. Man geht dann die restlichen Stufen hinunter und ist am Eingang zur Kirche Ajia Anna und der heiligen Höhle. Die Inschrift über dem Eingang erfüllt den Besucher mit Ehrfurcht und Anteilnahme:

"Dieser ehrfurchtgebietende Ort ist das Haus Gottes und dieses Tor das Tor zum Himmel"

Man geht gerade weiter und betritt die Kirche Ajia Anna. Sie wurde nach der Überlieferung vom Hl. Christodoulos zu Ehren der Hl. Anna, der Mutter der Gottesmutter, errichtet, da seine Mutter Anna hiess, und für Anna Dalassini, die Mutter des Kaisers Alexios Komninos, die dazu beitrug, dass ihr Sohn die Insel Patmos dem Hl. Christodoulos überliess (s. S. 29).
Rechts der Kirche erstreckt sich die Heilige Höhle mit der Johannes-Kirche.

Der Eingang zum Offenbarungs-Kloster

Der eindrucksvollste Teil der Höhle, ihre Decke, ist so nahe, dass man sie fast berühren könnte, und es ist der schreckliche Felsspalt, der dreifache Riss, das Symbol der Hl. Dreifaltigkeit, aus dem Johannes, wie die Überlieferung berichtet, die Stimme Gottes hörte:

"eine grosse Stimme wie von einer Posaune, die sprach: Was du siehst, schreibe in ein Buch".

Die Spuren des Aufenthaltes des Hl. Johannes in der Höhle sind sichtbar in der gemeisselten Auswölbung, auf die er seinen Kopf legte und einer weiteren Wölbung, auf die er sich stützte, um aufzustehen. Dicht neben diesen Wölbungen sieht man in der Höhe eines stehenden Menschen eine Art Pult, das nicht von Menschenhand geschaffen ist. Die Überlieferung berichtet, dass Prochoros, der Jünger des Johannes, hier niederschrieb, was ihm sein Lehrer diktierte.

Oben: Die Ajia Anna-Kapelle
Unten: Gottesdienst in der Höhle der Hl. Offenbarung

Aus dem Text der Offenbarung
Die einleitende Vision (1, 9 - 20)

Der Befehl aus dem Himmel,
die Visionen niederzulegen

*"Ich, Johannes, euer Bruder und Mitgenosse
an der Bedrängnis und am Reich und an der
Geduld in Jesus, war auf der Insel, die Patmos
heisst, um des Wortes Gottes willen und des
Zeugnisses von Jesus.
Ich wurde vom Geist ergriffen am Tage des
Herrn und hörte hinter mir eine grosse Stimme
wie von einer Posaune,
die sprach:*

*Was du siehst, das schreibe in ein Buch
und sende es an die sieben Gemeinden:
nach Ephesus und nach Smyrna
und nach Pergamon und nach
Thyatira und nach Sardes
und nach Philadelphia und nach Laodizea.*

*Und ich wandte mich um, zu sehen nach der
Stimme, die mit mir redete. Und als ich mich
umwandte, sah ich sieben goldene Leuchter
und mitten unter den Leuchtern einen, der war
einem Menschensohn gleich, angetan mit
einem langen Gewand und gegürtet um die
Brust mit einem goldenen Gürtel.
Sein Haupt aber und sein Haar war weiss wie
weisse Wolle, wie der Schnee, und seine
Augen wie eine Feuerflamme,
und seine Füsse wie Golderz, das im Ofen
glüht, und seine Stimme wie ein grosses
Wasserrauschen;
und er hatte sieben Sterne in seiner rechten
Hand, und aus seinem Munde ging ein
scharfes, zweischneidiges Schwert, und sein
Angesicht leuchtete, wie die Sonne scheint in
ihrer Macht.
Und als ich ihn sah, fiel ich zu seinen Füssen
wie tot; und er legte seine rechte Hand auf
mich und sprach zu mir: Fürchte dich nicht! Ich
bin der Erste und der Letzte und der Lebendige. Ich war tot, und siehe, ich bin lebendig von
Ewigkeit zu Ewigkeit und habe die Schlüssel
des Todes und der Hölle.*

*Schreibe, was du gesehen hast und was ist
und was geschehen soll danach.
Das Geheimnis der sieben Sterne, die du
gesehen hast in meiner rechten Hand, und
der sieben Leuchter ist dies: Die sieben
Sterne sind Engel der sieben Gemeinden,
und die sieben Leuchter sind sieben
Gemeinden."*

Vor dem Thron Gottes (4, 1-6)
*Danach sah ich, und siehe, eine Tür war
aufgetan im Himmel, und die erste Stimme,
die iich mit mir hatte reden hören wie eine
Posaune, die sprach: Steig herauf, ich will dir
zeigen, was nach diesem geschehen soll.
Alsbald wurde ich vom Geist ergriffen. Und
siehe, ein Thron stand im Himmel, und auf
dem Thron saß einer.
Und der da saß war, anzusehen wie der
Stein Jaspis und Sarder;
und ein Regenbogen war um den Thron,
anzusehen wie ein Smaragd.
Und um den Thron waren vierundzwanzig
Throne, und auf den Thronen sassen
vierundzwanzig Älteste, mit weissen Kleidern
angetan, und hatten auf ihren Häuptern
goldene Kronen.
Und von den Thronen aus gingen Blitze,
Stimmen und Donner; und sieben Fackeln
mit Feuer brannten vor dem Thron, das sind
die sieben Geister Gottes.*

Die Offenbarung des Johannes ist das
einzige prophetische Buch des Neuen
Testamentes. Die Bezeichnung
"Offenbarung" besagt, dass Gott Johannes
Dinge offenbarte, die in Zukunft geschehen
werden. Der Verfasser nennt die Insel
Patmos, auf der er in Verbannung lebte, als
den Ort seiner Vision. Als Zeitpunkt, zu dem
dieses Buch abgefasst wurde, gilt das Jahr
95 n.Chr. in der Regierungszeit des Kaisers
Diokletian.

*(Aus dem Neuen Testament
nach der Übersetzung von M. Luther).*

Gottvater. Wandmalerei der Offenbarung. Xiropotamos-Kloster, Berg Athos, 1783

Ein kurzer Überblick

Die Offenbarung beginnt mit einem kurzen Prolog, der erklärt, was die Offenbarung Jesu Christi an Johannes und durch ihn an alle Gläubigen enthält. Dann nennt der Verfasser sich selbst und als Empfänger der Offenbarung die sieben Gemeinden in Kleinasien. Er kündigt das Kommen Jesu Christi an, der über alle Völker dieser Erde richten wird. Es folgen sieben Briefe an die sieben Gemeinden, von denen einige gelobt, andere getadelt werden.

Im 4. Kapitel beginnt die Beschreibung der Visionen. Der Prophet sieht Gott (den Ursprung aller Dinge) und das Lamm (der Ursprung der Erlösung). Das Lamm öffnet ein Buch, das mit sieben Siegeln versiegelt ist, wodurch die Prüfungen und Schrecken der letzten Tage über die Menschheit kommen.

Es folgen Schrecknisse und Zerstörungen, die von den sieben Engeln mit sieben Posaunen verkündet werden. Die zahlreichen Stimmen nach dem Erschallen der Trompete des siebten Engels sprechen von dem Triumph Gottes über die Unfrommen.

Dann werden das Reich des Antichrist und der Drache genannt, der vom Himmel fiel, und das Ungeheuer, das aus dem Meer auftauchte.

Es folgt die dritte Serie von Schrecken: Sieben Engel halten sieben Schalen des göttlichen Zornes, den sie nacheinander über die Erde ausgiessen. Christus erscheint, nimmt das Ungeheuer gefangen und wirft es für tausend Jahre in den Feuersee, womit das tausendjährige Reich Gottes anbricht. Nach diesen tausend Jahren wird der Satan einen Kampf gegen die Heiligen beginnen, doch wird er erneut in den Feuersee geworfen, in dem er in alle Ewigkeit gepeinigt wird. Dann sieht der Prophet den Herrn, der auf dem Thron sitzt. Alle Toten sind auferstanden und stehen vor dem Thron, um entsprechend ihren Taten gerichtet zu werden. Nachdem Johannes dem Allerhöchsten für alles gedankt hat, was er sah und hörte, rät er allen, diese Prophezeiung zu lesen und die Gebote des Herrn treu zu befolgen.

Die Bedeutung der Offenbarung

Nach Auffassung der orthodoxen Theologie ist die Offenbarung des Hl. Johannes der entscheidende Text, der zur Busse und zum Heil führt. Aus diesem Grund wurde er auch in das Neue Testament aufgenommen. Zudem ist er auch unter vielen anderen Gesichtspunkten interessant: aus ökologischen, dichterischen, literarischen, politischen, künstlerischen und prophetischen.

Er war auch Anlass von Reisen und der Gegenstand theologischer Auslegungen. Das ökologische Interesse ergibt sich aus den Zerstörungen, Vergiftungen und Todesgefahren, die der Hl. Johannes beschreibt und die den Menschen bedrohen, der keine Busse tut, weiterhin den Namen des Herrn lästert und sich dem geopferten Lamm widersetzt.

Im Rahmen der 900-Jahrfeier des Johannes-Klosters fand deshalb auf Patmos (1990) ein erster Kongress zu Umweltfragen statt, der unter der Schirmherrschaft des verewigten Patriarchen Demetrios und unter dem Vorsitz des Akademikers und Professors, des Metropoliten von Pergamon, stand. Der ökumenische Patriarch bestimmte den 1. September zum Tag des Gebetes für den Schutz der Umwelt. An diesem Tag findet auch in der Ajios Georgios Kirche des Patriarchen in Phanari ein besonderer Gottesdienst statt. Die Hymnen verfasste der verewigte Hymnendichter der Grossen Kirche Christi, der Mönch Jerasimos Mikrajannanitis.

Patriarch Bartholomäus hält jedes Jahr im Priesterseminar in Chalki ein Seminar zu Umweltfragen ab, an dem auch, wie in Kolibari bei Chania, Prinz Philipp von England als Vorsitzender des IWWF teilnahm. Ein Seminar zu Umweltfragen fand auch anlässlich der 1900-Jahrfeier der Offenbarung (1995) statt.

Der hl. Text hat auch dichterische Züge, die man surrealistisch nennen könnte. Es ist deshalb kein Zufall, dass Georgios Seferis und Odysseas Elytis, die beiden herausragenden neugriechischen Dichter, sich um eine Übertragung der Apokalypse in die lebendige neugriechische Sprache bemühten.

Die Insel der Offenbarung war auch für andere Dichter eine Quelle der Inspiration. Mit Übersetzungen des hl. Textes befassten sich Theologen, Dichter und Gelehrte. Der literarische Eimfluss der Offenbarung war gross. G. Pournaropoulos, Professor der Universität Athen, veröffentlichte 1984 in der Zeitschrift "Parnasos" eine Arbeit mit dem Titel "Neuere prophetische Texte", in der er diesen Einfluss darstellte. Schriftsteller unserer Zeit (wie Umberto Eco) mit zahlreichen Lesern, deren Werke in vielen Sprachen veröffentlicht wurden, haben den Einfluss der Offenbarung dargestellt.

Die Offenbarung hatte auch politische Dimensionen. Der verewigte Vasilios Stojannos, Professor der theologischen Fakultät der Aristoteles Universität in Thessaloniki, beschäftigte sich damit in einer Ansprache zur Feier der Drei Hierarchen (30. Januar 1985), die er "Offenbarung und Politik" benannte. Stojannos zeigte, dass die Offenbarung ein Drama ist, das sich auf der Erde abspielt, dessen Chor aber in mythischer Weise im himmlischen Bereich der Szenerie gesungen wird.

Sehr gross war das Interesse der bildenden Künstler an der Offenbarung. Zahlreiche Miniaturisten, Maler, Bildhauer, Kupferstecher u.a. wurden im Laufe der Zeit von dem hl. Text inspiriert. In England, Spanien, Italien, Holland und Deutschland stellten bedeutende Kunstwerke die Offenbarung dar oder sind von ihr inspiriert. Künstler wie der berühmte Albrecht Dürer (1498) übten einen grossen Einfluss aus. Hans Holbein, der im folgenden Jahrhundert (1522) wie A. Dürer Holzschnitte zur Offenbarung schuf, war das Vorbild für den Maler, der die Aussenwand des Refektoriums des Dionysios-Klosters auf dem Berg Athos schmückte (zwischen 1520 und 1560). Es ist jedoch nicht das einzige Kloster des Athos, das mit Darstellungen aus der Offenbarung geschmückt ist.

An einem Ort der Busse wie dem Berg Athos hatte der heilige Text natürlicherweise grosse Wirkungen. Die Darstellungen aus der Offenbarung in anderen Klöstern des Berges Athos werden in die Zeit zwischen dem 16. und dem 19. Jh. datiert. Doch beschränkt sich dieses Phänomen nicht auf den Athos. Gemälde nach der Offenbarung finden sich auch in anderen grossen Klöstern im griechischen Raum (Patmos, Meteora, Kastoria, Mystras, Kreta, Zypern) sowie auf dem Sinai, in Bulgarien und Russland. Es ist charakteristisch, dass der Mönch Dionysios aus Fourna ton Agrafon (1670-1744) ausführliche Hinweise gibt, wie die Kapitel der Offenbarung in orthodoxen Kirchen darzustellen sind. Im Leben der Orthodoxie wie auch im Leben des Griechentums, vor allem in den Jahren der Sklaverei, ist der Einfluss der Offenbarung unübersehbar. Doch schon in byzantinischer Zeit waren Weissagungen weit verbreitet. Um den verschiedenen Texten grössere Autorität zu verleihen, schrieb man sie Kaisern, Kirchenvätern und sogar Propheten zu. Kirchlichen Charakter trägt die Abhandlung des Patriarchen von Jerusalem Anthimos (1788-1808), die 1856 in Jerusalem veröffentlicht wurde und auf der erlösungbringenden Lehre der Offenbarung beruht. In neuerer Zeit beschäftigten sich nicht nur Universitätsprofessoren und Geistliche, sondern auch Künstler mit der Auslegung des heiligen Textes des Evangelisten. In Amerika und Europa sind die Forschungen zur Offenbarung weit vorangeschritten. Es gibt sogar Zeitschriften, die sich mit dem Studium und der Erforschung der Offenbarung und des Neuen Testamentes allgemein befassen. Im Laufe der Jahrhunderte besuchten Reisende aus aller Welt die Insel Patmos, die Insel der Offenbarung.

Darstellungen aus der Offenbarung, Dionysios-Kloster, Berg Athos

7

DAS JOANNES-KLOSTER

Lage - Gründung - Architektur - Klosterkirche Kapellen - Bibliothek - Archiv - Museum

Bei der Einfahrt in die schmale Bucht von Skala wird der Blick gefesselt und die Seele von Ehrfurcht erfüllt. Auf der einst schwer zugänglichen höchsten Erhebung der Insel erhebt sich das Kloster des Hl. Johannes und bestimmt mit seiner mächtigen Präsenz das Bild. Uneinnehmbar hinter den hohen Mauern, an Geltung und Bedeutung mit den Klöstern des Berges Athos vergleichbar, ist das Johannes-Kloster durch die Jahrhunderte ein Ort der Geschichte und tiefster Frömmigkeit. Seine Gründung durch den Hl. Christodoulos Latrinos im Jahre 1088 war nach der Offenbarung Gottes an Johannes das zweitgrösste Ereignis, welches das Schicksal der Insel bestimmte. Das Kloster von historischer und religiöser Bedeutung prägte die klösterliche Tradition auf Patmos und stärkte seine Bedeutung als Wallfahrtsort. Es war aber auch ein Kloster von herausragender künstlerischer und architektonischer Bedeutung: Geschützt von der festungsartigen, mittelalterlichen Fassade liegt dahinter eine verwirrende bauliche Gesamtheit von Zellen und Gebäuden, in denen kostbare religiöse Schätze aufbewahrt werden. Wandgemälde und wertvolle Ikonen, eine Sakristei, Priestergewänder, unzählige Kultgegenstände und eine Sammlung alter Bücher und Handschriften haben an diesem heiligen Ort eine sichere Zuflucht gefunden. Hier, wo der Geist freier atmet und von der klaren, reinen Quelle der echten Orthodoxie erfrischt wird.

Heute ist das Kloster eine der wegweisenden Klosteranlagen und hält die Erinnerung an Byzanz und seine reiche Überlieferung unauslöschlich lebendig.

Hier gibt es moderne Zentren zur Restaurierung von Ikonen und Handschriften.

Hier folgt man auch mit ausserordentlicher Genauigkeit den monastischen und gottesdienstlichen Vorbildern, die in anderen Klöstern verlorengingen. In unserer Zeit wurde das Kloster zönobitisch durch die Einrichtung gemeinsamer Mahlzeiten für die Mönche der Gemeinschaft.

Und an diesem heiligen Ort wurde auch der Dialog mit der römisch-katholischen Kirche begonnen!

Von aussen gleicht das Johannes-Kloster einer mittelalterlichen Festung, doch innen ist ein Gebäudekomplex auf unterschiedlichen Ebenen mit Innenhöfen, Hallen und engen Korridoren. Die Anordnung der Bauten entspricht dem Vorbild des orthoxen byzantinischen Klosters (in freier Form), bei dem alle Zellen und Wirtschaftsräume rings um die Hauptkirche angeordnet sind. Die Abwandlungen, die in Patmos zu beobachten sind, ergaben sich aus den Unebenheiten des Geländes (die Baulichkeiten mussten ihm angepasst werden) und der raschen und unaufhörlichen Entwicklung des Klosters. Das führte dazu, dass die Baulichkeiten zu Gunsten des Hofs erweitert wurden.

Die Umfassungsmauer des Klosters, die einen unregelmässigen Verlauf hat, ist an der höchsten Stelle 15 m hoch und hat von Norden nach Süden eine Gesamtlänge von 53 m, von Osten nach Westen von 70 m. Der Haupteingang des Klosters beherrscht die Mauer auf der Nordseite. Früher gab es auch einen weiteren Eingang auf der Südseite, der heute aber geschlossen ist. Die Toranlage besteht aus zwei rechteckigen Türmen, die mit einer Mauer verbunden sind. Im oberen Teil der Mauer sieht man eine kleine Öffnung, durch die man früher kochendes Öl, Wasser oder Blei auf die Angreifer goss, die durch das Tor einzudringen versuchten. Über dem Tor wacht in einem Rundbogen das Bild des Hl. Johannes als Wächter und Schutzherr des Klosters. Vor dem Eingang liegt die kleine Kirche der Hl. Apostel, die 1603 gegründet wurde.

1. Teil der Mauer des Klosters
2. Innenräume des Klosters
3. Glockenturm und Schiessscharten des Klosters
4. Vor dem Eingang zur Kapelle Ajion Apostolon

Der **Hof** in der Mitte des Klosters ist mit Kieselsteinen ausgelegt und mit Arkaden geschmückt. An der Nord- und Westseite sieht man die weissen Mauern der Zellen. An der Südseite des Hofes liegt die "Tzafara", eine eigentümliche Säulenhalle, die 1698 erbaut wurde. Eine neuere Halle ist vor den Exonarthex an der Ostseite der Klosterkirche angebaut. Die Inschriften links des Eingangs zum Hof gehören zu den Gräbern des Metropoliten Didimotichos Grigorios (1963) und des aus Patmos stammenden ökumenischen Patriarchen Neofitos (1747). Im **Umkreis** des Klosters liegen die Kapellen Ajion Panton, tou Stavrou, Ajiou Vasiliou, Ajiou Nikolaou und des Hl. Johannes des Täufers.

1. Der Innenhof des Klosters
2. Die Wohnräume und die Glocken des Klosters
3. Die festungsartige Ummauerung des Klosters

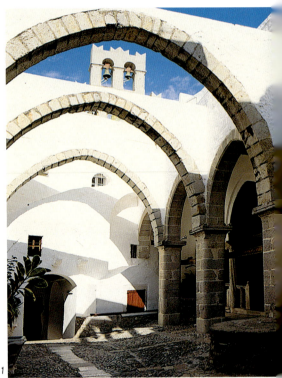

*Die **Klosterkirche gehört** zu den ersten Bauten, die entstanden, denn sie wurde um 1090 vollendet. Die hölzerne Ikonostase der Klosterkirche, die silbernen Leuchter und die wertvollen Kandelaber schaffen eine ergreifende Stimmung, die von den byzantinischen Hymnen ergänzt wird. Hier werden wie nirgendwo sonst die Kosterregeln und die Traditionen des Klosters bewahrt. Die älteren Mönche wachen aufmerksam über die Jüngeren, damit nicht etwas verändert, übersehen oder ausgelassen wird. Im Johannes-Kloster kann man noch heute den umfangreichen byzantinischen Hymnus "Fos ilaron" hören. Die Klosterkirche ist eine Kreuzkuppelkirche mit vier Säulen, der später die Halle an der Fassade und die seitlichen Kapellen hinzugefügt wurden. Der Fussboden der Kirche besteht aus Marmorplatten.*

Die hölzerne Ikonostase ist jünger, sie stammt von 1820 und ist ein Geschenk des Metropoliten Nektarios von Sardes, der aus Patmos stammte. Diese Ikonostase ersetzte eine ältere (aus dem 15. Jh.), die ihrerseits die erste steinerne Ikonostase ersetzte, die der Hl. Christodoulos hatte anbringen lassen. Die Kirche wurde auf den Resten einer frühchristlichen Basilika erbaut, im Altertum erhob sich hier ein Tempel der Artemis. Die grosse Ikone der Offenbarung an der Nordwand der Kirche ist ein Geschenk von Bischof Nikiforos von Laodikeia. Die Ikone verdeckt den Eingang zur neuen Sakristei, die gleichfalls von Nikodimos zur Aufbewahrung seiner Bücher erbaut wurde. Heute sind hier wertvolle Kostbarkeiten untergebracht.

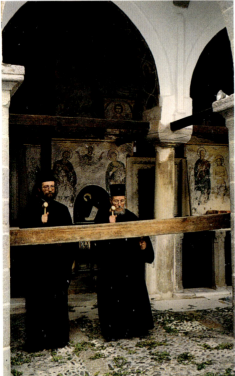

Oben: Im Exonarthex vor Beginn des Abendgottesdienstes

Unten: Während des Gottesdienstes

Die berühmte hölzerne Ikonostasis der Klosterkirche, ein Geschenk des aus Patmos stammenden Metropoliten Nektarios von Sardes (1820)

*Die **alte Sakristei** liegt auf der linken Seite der Kirche (sie ist für Besucher nicht zugänglich). Hier werden die liturgischen Geräte aufbewahrt, hervorragende Ikonen bedeutender kretischer Maler, Priestergewänder und Reliquien wie der Schädel des Apostels Thomas, der wundertätig ist. Ausserdem befindet sich hier die Goldbulle von Alexios I. Komninos, durch die der Kaiser dem Hl. Christodoulos Patmos überliess. Auf der rechten Seite der Klosterkirche gibt es im Südteil des Esonarthex eine Türe, die in die Kapelle des Hl. Christodoulos führt. Sie stammt aus dem 17. Jh. und hier wurden auf Wunsch des Heiligen seine sterblichen Überreste in einem Reliquienbehälter aus Silber und Gold beigesetzt.*

Der vergoldete Silberbehälter mit den sterblichen Überresten des Hl. Christodoulos

Der Reliquienbehälter des Hl. Christodoulos

*Die **Kapelle der Gottesmutter** auf der Südseite der Kirche wurde im 12. Jh. erbaut. Sie ist verhältnismässig klein (8,40 x 3,05 m) und wird von einem Tonnengewölbe überdacht. Der Marmorfussboden und die hölzerne Ikonostase stammen von 1607 und ersetzte eine ältere Ikonostase aus Marmor. Die Kirche ist mit unvergleichlichlichen byzantinischen Malereien ausgeschmückt. Der Ausgang der Panajia-Kapelle führt zu einer Treppe, über die man das Sekretariat, die Räume des Abtes und der Synode erreicht. Fotografien von ehemaligen Äbten und der Mönchsgemeinde schmücken die Wände. Im Raum der Synode werden an Festen und Feiertagen Kaffee und Süssigkeiten angeboten, unter ihnen auch Spezialitäten aus Patmos, die mit Mandeln und Honig gefüllt sind. Hinter der Kirche liegt das alte Refektorium des Klosters mit Resten von Wandmalereien. Das Refektorium war der Raum, in dem früher die Mönche gemeinsam speisten. Der Bau wurde 1090 fertiggestellt, er gehört zu den ältesten Bauten des Klosters. Der Saal hat rechteckigen Grundriss (6,32 x 6,60 m) und ist 8,50 m hoch. In der Mitte und entlang des Raumes stehen zwei steinerne Tische, die mit Marmor verkleidet sind und durch einen Gang getrennt sind. Längs der Tische gibt es Eintiefungen, in denen die Mönche ihr persönliches Geschirr aufbewahrten. Hier fand beim Besuch des ökumenischen Patriarchen Bartholomäos 1994 das offizielle Mahl statt. Im Südteil des Refektoriums lag die Küche und daneben die Mahlstube.*

*Das **neue Refektorium** liegt auf der anderen Seite des Klosters, man erreicht es, wenn man vom Hof nach rechts geht. Das Kloster besass einen Lagerraum für Vorräte (unter der Südhalle des Hofes), einen Keller für das Öl (neben dem ersten Lagerraum), eine Bäckerei mit Backstube und Zisternen zur Wasserversorgung.*

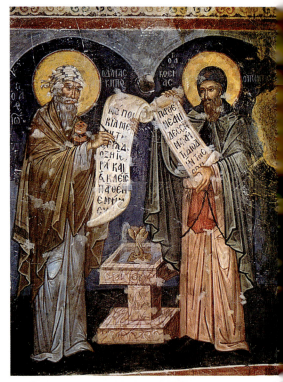

Oben: Die Hl. Johannes Damaskinos und Kosmas Melodos, Wandmalerei in der Kapelle der Panajia

Unten: Das holzgeschnitzte Templon der Kapelle der Panajia, 1607

Die von Säulen **getragene Bibliothek** wurde von dem Hl. Christodoulos gegründet, der bei seiner Übersiedelung nach Patmos seine reiche Büchersammlung mitbrachte. Seit damals haben bis heute zahlreiche Schenkungen die Bibliothek bereichert, die heute als eine der bedeutendsten im Osten gilt. Die Bücher sind getrennt in alte, die mit den Handschriften im zentralen Raum aufbewahrt werden, und in neuere. Die Bibliothek bedient sich der modernsten Katalogisierungsmethoden und technischen Hilfsmittel und dient einer sehr grossen Zahl von Besuchern, aber auch Forschern in der ganzen Welt, die Mikrofilme von Werken der Bibliothek erhalten. Die Bibliothek ist berühmt für ihre byzantinischen und nachbyzantinischen Handschriften, alten Ausgaben, das ausserordentlich reichhaltige Archiv und die moderne Bibliografie. Sie ist zu einem internationalen Zentrum byzantinischer und paläografischer Forschungen geworden, in dem alle Voraussetzungen für wissenschaftliches Arbeiten gegeben sind.

Die Bibliothek des Klosters

Über der Bibliothek liegt die neue Sakristei, die auch Museum ist. Hier sind mit viel Geschmack Ikonen aus verschiedenen Zeiten, vor allem byzantinische Ikonen, aber auch andere Kostbarkeiten ausgestellt. Reliquien von Heiligen werden in wertvollen und kunstvoll geschmückten Reliquienbehältern aufbewahrt, Gewänder aus wertvollen Stoffen, die mit Gold und Silber bestickt sind, Kopfbedeckungen von Kaisern und Patriarchen aus Gold und Edelsteinen. Ausserdem Möbel aus Patmos, Werke der Goldschmiedekunst, Gold- und Bleibullen aus den Schätzen des Klosters. Im Museum bestehen heute zwei sehr bedeutende Instituionen zur Restauration von Ikonen und Handschriften, die mit hochmodernen Geräten ausgestattet sind. Das **Archiv** des Klosters umfasst annähernd 13.000 Schriftstücke, von denen die ältesten aus dem Jahr 1073 stammen. Sie dokumentieren die ganze Geschichte des Klosters. Zu den ältesten Dokumenten der Sammlung gehört die Goldbulle über die Gründung des Klosters und die sie begleitenden Schriftstücke. Erhalten sind noch weitere Goldbullen (Schriftstücke, die auf Pergament geschrieben und vom Kaiser von Byzanz selbst unterzeichnet sind), das Kodizill und das geheime Testament des Hl. Christodoulos und ausserdem lateinische, türkische und rumänische Schriftstücke.

1. Das berühmte silberne Segenskreuz, das von zahlreichen bildlichen Darstellungen umgeben ist

2. Aufbewahrungs- und Ausstellungsraum der historischen Schätze des Klosters

3., 4. Das Museum des Klosters

EIN RUNDGANG DURCH CHORA

Kirchen - Herrenhäuser - Plätze - Gassen

Beherrschend, ausdauernd und kraftvoll erhebt sich das Johannes-Kloster als ein wirklicher Wächter auf der Spitze des Hügels und kündete durch die Jahrhunderte vom orthodox-christlichen Glauben und dem friedvollen Leben seiner Bewohner. Steht man auf den hohen, steinernen Mauern mit den gezackten Zinnen und den Pechnasen und blickt zum fernen Horizont und die Unendlichkeit hinaus, dann meint man auf einer Stufe zum Thron des himmlischen Herrschers zu stehen. Hier oben ist der Blick frei und schweift über den blauen Glanz des Meeres, die herrlichen Stränden und die stählerne Schönheit steiler Küsten, die alle zum geheimnisvollen Charakter der Insel beitragen. Unterhalb der gewaltigen Mauern des unermüdlichen Hüters und Leuchtturms der Orthodoxie und der griechischen Tradition entfaltet sich kreisförmig das leuchtendweisse Chora, das buchstäblich vom Licht der Ägäis überflutet ist. Prachtvolle zweistöckige und dreistöckige Herrenhäuser, die mit geschnitzten Möbeln und alten Lampen mit bunten Lampenschirmen geschmückt sind, malerische, kleine traditionelle Häuser mit Höfen voll blühender Blumen, mit vielen kleinen Plätzen, die den Besucher zu unvergesslichen Rundgängen durch das Gewirr der Gassen verlocken. Die Höfe der Häuser sind Innenhöfe. Hier und da sieht man auf den Schwellen der Hauseingänge, den Fassaden der Kirchen oder den kleinen malerischen Glockentürmen Inschriften, Monogramme, Kreuze und Jahreszahlen. Die Arkaden, die sogen. "Kandounia" mit den gepflasterten Strassen bilden kleinere oder grössere Hallen, die an vergangene Zeiten erinnern. Die grossen Höfe und die wenigen Holzbalkone schmückt eine Fülle von Blumen, die das ganze Jahr hindurch ihren Duft verströmen. Auf Schritt und Tritt begegnet man kleinen Kirchen, mit jedem Blick eine Erinnerung an den reinen und grossen Glauben, der schon seit Jahrhunderten auf der Insel herrscht. Die strahlendweissen Häuser drängen sich ganz dicht aneinander, dazwischen finden sich hier und da malerische Tavernen, Läden und Plätze wie die von Ajia-Levias und Emmanuil Xanthou, die den Besucher in ein Traumland zu versetzen scheinen.

1

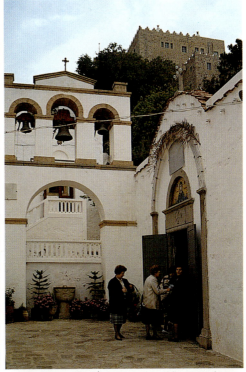

Wenn man die alte, plattenbelegte Strasse von Skala hinaufgeht, dann erschliesst sich allmählich die besondere Atmosphäre, die in Chora, dem Herz von Patmos herrscht. Hier zeigt sich die heilige Geschichte der Insel ganz lebendig in einer Vielzahl bemerkenswerter Kirchen: Megali Panajia, Ajios Vasilios, Ajios Nikolaos, Ajios Ioannis o Prodromos, Panajia ton Kimitirion, Ipapanti und natürlich Panajia i Diasosousa, die in das Jahr 1599 datiert ist. Diese Kirche ist berühmt durch ihre verehrungswürdige Ikone der Gottesmutter, deren Wunder allen Gläubigen bekannt sind.

1. Alte Windmühlen, lebendige Zeugen einer vergangenen Zeit
2. Die gepflasterten Gassen von Chora haben ihre eigene Atmosphäre.
3. Panajia Diasozousa in Chora
4. Die wundertätige Ikone der Gottesmutter

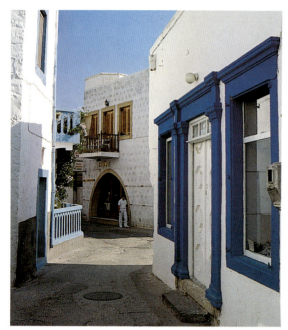

Chora ist mit dem Hafen Skala und den anderen Ortschaften der Insel durch eine Asphaltstrasse verbunden. Es gibt auch noch die alte, plattenbelegte Strasse, auf der man die Tiere hinaufführt. Sie bietet dem Besucher die Möglichkeit zu einem angenehmen Spaziergang, bei dem er die besondere Atmosphäre dieser heiligen Insel erlebt.

Oben: Herrenhäuser in Chora

Unten: Esel, die darauf warten, ihre Last zu tragen

Gegenüberliegende Seite: Teilansicht von Chora

Sehenswert ist neben den Kirchen auch die Architektur von Chora, die innere Gestaltung der Räume und die Aussenseiten. Das Herrenhaus der Familie Simantiris neben dem Kloster Zoodochou Pijis, dessen Türen dem Besucher weit offenstehen, ist ein gutes Beispiel für die Architektur von Patmos. Dieses Baudenkmal wurde 1625 von Baumeistern aus Smyrna errichtet und es ist zugleich ein Museum mit kostbaren Gegenständen aus der Vergangenheit: Möbel, die nahezu 250 Jahre alt sind, einzigartige Gemälde, eine Ikonostase mit russischen Ikonen des 14., 15. und 16. Jahrhunderts. Es ist nur eine Sehenswürdigkeit von Chora unter Hunderten, die allerdings hier nicht im einzelnen aufgezählt werden können, denn sie erschliessen sich nur dem Gefühl, dem Gefühl für eine andere Zeit der Reinheit und des Glaubens ...

Unten: Blick auf Skala von Chora
Gegenüberliegende Seite: Das Innere des Herrenhauses Simantiri

9

KLÖSTER & EINSIEDELEIEN

Evangelismos-Kloster - Kloster Zoodochou Pijis Kloster Ajia ton Ajion - Einsiedeleien

Als Symbol des Glaubens und der Nähe zu Gott ist Patmos auch heute noch ein Anziehungspunkt für Mönche aus aller Welt. Der schlichte "Sinai der Ägäis", ein Ort der traditionellen Askese und des Gebetes, beherbergt zahlreiche Klöster und Einsiedeleien. Nicht gering ist die Zahl der Einsiedeleien auf Patmos. In stillen, einsamen Landschaften liegen kleine Kapellen mit kleinen Zellen, in denen ein oder mehrere Mönche hingebungsvoll den religiösen und moralischen Werten leben. Die Grundlage des orthodoxen Mönchstums bildet die rein geistige Suche der Seele des Mönchs und das innere Verlangen, in der Einsamkeit zu leben, um den Glauben zu stählen und die Persönlichkeit durch unaufhörliche Hingabe an ihren Schöpfer zu formen. In den Einsiedeleien leben die Mönche ein asketisches Leben, arbeiten und verehren Gott durch Fasten, Wachen und Beten. Hinter der Strenge der Regeln, die sie getreu verwirklichen, steht und lebt auch die Tradition der griechischen Seele, die sich durch Gastlichkeit, Opferwillen und das ununterbrochene Bemühen um geistige Erhebung auszeichnet. Die unendlichen Gebete der Mönche gelten nicht nur ihrem eigenen Heil, sondern auch dem Heil der ganzen Welt. Sie folgen nur ihren inneren Visionen und hören nichts anderes als ihre inneren Rufe, sehnsüchtige Rufe nach persönlicher Demut und Busse, nach Busse der ganzen Welt und auch der Völker "die das Gesetz nicht haben und das Gesetz halten." Mit ihrem unaufhörlichen Gebet und dem ständigen sakralen Leben erheben sie sich über die geschaffene Welt, geben jede Bindung an die Geschöpfe auf und vereinigen sich mit dem Licht der Gottheit.

Und entsprechend dem Mass seines persönlichen Aufstieges erhellt jeder Asket das Dunkel des Todes, die Angst vor dem Gericht, dem Abgrund der Hölle und richtet seinen Blick auf "den in seinem Glanz kommenden Herrn".

Das Evangelismos-Kloster

Das Kloster "Evangelismos Mitros Igapimenou" liegt in der Evangelistria-Einsiedelei, die südwestlich von Chora an einer sehr malerischen Bucht liegt. Die Einsiedelei wurde 1613 von Nikiforos Kritas, einem Mönch des Johannes-Klosters gegründet, der aus Kreta stammte. Es liegt wie auf einem Balkon über einer tiefen Schlucht. Am Fuss der Felsen, die sich ringsum erheben, fliesst der Wildbach "Kera Leousas". Die Felsen ziehen sich bis zu den "Kipous tou Osiou" an der gleichnamigen Bucht, die sich an der Westküste von Patmos zum Ikarischen Meer öffnet.

Die Einsiedelei besteht aus der Evangelistria-Kirche, der Ajios Lukas-Kapelle und einem dreistöckigen Wehrturm mit der Kapelle Ajios Antonios.

Der Mönch Nikiforos errichtete die Ajios Lukas-Kapelle aus Dankbarkeit, denn während seines Aufenthaltes in der Einsiedelei wurde er von der todbringenden Pest befallen, betete zu dem heilkundigen Evangelisten Lukas, der ihn gesunden liess. Das Evangelistria-Kloster wurde 1937 von dem Mönch Amfilochios Makris aus dem Johannes-Kloster gegründet. Dieser Greis war eine grosse geistliche Persönlichkeit und wirkte unermüdlich für die Gründung und das Bestehen des Klosters. Sowohl das Evangelistria-Kloster wie auch das Nonnenkloster "Evangelistria Mitros Igapimenou" entstanden in den für das griechische Volk schweren Jahren der italienischen Besatzung.

Als die Italiener auf den Inseln der Dodekanes den Gebrauch der griechischen Sprache verboten, gab es hier eine Schule, in der Nonnen, die Lehrerinnen waren, unterrichteten. Nach der Befreiung der Inseln der Dodekanes wurde Amfilochios Makris aufgefordert, eine Gruppe von Nonnen zum Aufbau des Waisenhauses auf Rhodos zu entsenden. Man entsprach diesem Wunsch und diese Gruppe schuf gleichzeitig ein Kinderkrankenhaus, einen Kindergarten und eine Grundschule. Neben ihrer Tätigkeit für das Waisenhaus auf Rhodos sind die Nonnen heute mit Imkerei, Gärtnerei, Blumenzucht, Ikonenmalerei, der Anfertigung von sakralen Gewändern und der Stickerei beschäftigt. In der Stickerei gibt es einen Stich, "Spitha" genannt, der zum traditionellen Kunsthandwerk auf Patmos gezählt wird. Seine Verbreitung reicht in die Zeit des Hl. Christodoulos zurück, als diese Stickweise zu den Kunstfertigkeiten der aristokratischen Familien von Byzanz gehörte. Im Laufe der Jahre geriet sie in Vergessenheit, doch beriet Amfilochios Makris selbst die Nonnen bei der Wiederaufnahme.

Zur mönchischen Gemeinschaft des Klosters gehört die bekannte Malerin byzantinischer Ikonen, Schwester Olimpiada, die eine Schülerin von Fotis Kontoglou war, dem berühmten Maler byzantinischer Ikonen.

*Das Kloster
"Evangelismos Mitros Igapimenou"*

Das Kloster Zoodochos Pijis

Das Kloster Zoodochos Pijis südwestlich des Johannes-Klosters ist nach dem Evangelismos-Kloster das zweitgrösste Nonnenkloster der Insel. Es wurde 1607 von dem aus Patmos stammenden Mönch Parthenios Pankosta gegründet. Die Nonnen leisten Wertvolles in der Sozialarbeit und beschäftigen sich mit Handarbeiten wie Stickerei, Nähen u.a. Auch hier werden die kirchlichen Bräuche weitergeführt, so etwa mit der besonderen Liturgie am 15. August und am Heimgang der Gottesmutter, wobei Hymnen gesungen werden, die denen des Karfreitags gleichen.

Das Kloster Ajia Ajion

Mitten in Chora liegt beim Kloster Zoodochos Pijis das kleine Nonnenkloster Ajia Ajion.

Oben: Der Hof des Kloster Zoodochos Pijis

Unten: Innenansicht des Klosters "Ajia ton Ajion"

Die Einsiedeleien auf Patmos

Die heilige Insel Patmos war ein Anziehungspunkt für Eremiten, Asketen und Mönche, die ein tiefes Bedürfnis nach Stille, Sammlung und Gebet zu Gott hatten. In der Zeit der türkischen Herrschaft kamen Asketen vom Berg Athos auf die Insel und gründeten zahlreiche Einsiedeleien, die überall verstreut sind. Sie bewahren in der Tradition der Insel die geistige Beziehung zu jener Erneuerungsbewegung vom Berg Athos. Wenn das Gedächtnis des Heiligen gefeiert wird, zu dessen Ehre die kleine Kirche einer solchen Einsiedelei erbaut wurde, nimmt die ganze Bevölkerung von Patmos daran lebhaften Anteil.

Die Einsiedelei Profitis Ilias tou Thesvitou

Sie liegt südwestlich von Chora auf der höchsten Erhebung der Insel (269 m). Der Blick von der Höhe der Kirche ist zauberhaft. Vor dem Betrachter breitet sich die ganze Insel aus, die Hügel, die kleinen Ebenen, die unregelmässigen Buchten und die Ortschaften. Die Einsiedelei wurde 1764 von dem Mönch Neofitos Simiakos gegründet. Die Anlage besteht aus einer kleinen Festung mit der Kirche Profitis Ilias in der Mitte. Die einschiffige Kirche ist überkuppelt und feiert am 20. Juli ihr Kirchenfest. Der Blick von hier oben ist einzigartig und fesselt jeden Besucher.

Die Einsiedelei Profitis Ilias

Die Einsiedelei Panajia Grava. Sie liegt zwischen dem Kalamoti-Hügel und dem Evangelismos-Kloster westlich von Chora. Sie wurde 1775 von Grigorios Nisirios, dem Mönch Nifonas und anderen Mönchen erbaut, die vom Berg Athos nach Patmos gekommen waren. Die kleine Kirche ist dem Heimgang der Gottesmutter geweiht und feiert am Vorabend des 15. August ihr Fest. Als Gründer gilt der Mönch Grigorios Nisirios o Gravanos.

Die Einsiedelei Petra. Sie liegt südlich von Grikos auf dem Kallikatzous-Felsen. Seit der Zeit des Hl. Christodoulos war dieser Fels eine Wohnstätte für Asketen.

Die Einsiedelei Osios Christodoulos. Im Bereich von Alikes liegt eine kleine Kirche, die dem Hl. Christodoulos geweiht ist. An der Ikonostase hat sich eine wundertätige Ikone erhalten, die den Hl. Christodoulos darstellt, der das Kloster dem Hl. Johannes übergibt.

Die Einsiedelei Panajia Epsimia. Von Grikos führt eine nicht asphaltierte Strasse rechts zur Einsiedelei. Diese besteht aus einer kleinen, der Gottesmutter geweihten Kirche und Zellen. Als Begründer nimmt man den Hl. Christodoulos an. Ihr Name kommt von der Bezeichnung für "reif", da die Kirche im September ihr Fest feiert, wenn das Obst reif ist.

Das Baptisterium. An der Strasse von Chora nach Grikos liegt das Gebiet von Sikamia. Hier gibt es eine Höhle, in der der Evangelist Johannes Christen taufte. Man kann noch die Tonröhren sehen, durch die das Wasser der Quelle in die Höhle geleitet wurde. Die Archäologen erkennen darin einen Teil einer frühchristlichen Basilika, deren Ruinen ringsum festgestellt wurden.

Die Höhle von Kinopas. An der Südwestspitze der Insel liegt bei dem gleichnamigen Kap die Kinopas- oder Genoupas-Höhle am Hang des gleichnamigen Hügels. Nach der Überlieferung war Kinopas ein heidnischer Zauberer, der den Evangelisten Johannes bei der Verkündigung des Evangeliums bekämpfte. Heute ist die Höhle eine kleine Kirche zu Ehren des Hl. Ioannis Spiliotis, die am 8. Mai ihr Fest feiert.

Die Einsiedelei Kouvari. Sie liegt am Nordufer der Bucht von Stavro. Ihr Begründer war der Mönch Amfilochios Makris, der spätere Gründer des Evangelismos-Klosters. Er gründete auch ein Mönchskloster, das dem Hl. Joseph geweiht ist.

Die Einsiedelei Ajia Paraskevi tou Kavou. Sie liegt links der "Gärten des Heiligen" an der Südwestseite der Insel. Sie besteht aus Zellen und der kleinen Ajia Paraskevi-Kirche, deren Ikone wundertätig ist. Die Kirche feiert am 26. Juli das Anfenken der Heiligen.

Die Einsiedelei von Petra

Die Einsiedelei Panajia tis Koumanas.

An der Nordseite der Bucht von Skala erhebt sich der Koumanas-Berg. Der Name stammt wahrscheinlich von einem Pächter dieser Gegend, der Koumanis hiess. Dieser Name ist bereits seit dem 13. Jh. bekannt. Auf dem Gipfel des steil abfallenden Bergzuges liegt die Einsiedelei Ajion Panton, die von den Einheimischen auch Panaji tis Koumanas genannt wird, weil sich hier eine wundertätige Ikone befindet. Der Begründer ist der Hl. Makarios Notaras aus Korinth.

Oben: Die Ikonostasis in der Kirche der Einsiedelei
Unten: Panajia tis Koumanas

Die Einsiedelei Apollou. Sie liegt nordöstlich von Jeranos im Gebiet von Thermia und ist nach ihrem Begründer Apollo benannt. Sie besteht aus einer kleinen Kirche, Zellen und einer Umfassungsmauer. Der Bau dieser Kirche hat seine eigene Geschichte: Bei einem der nächtlichen Gottesdienste, die im Johannes-Kloster abgehalten werden, hatte Apollo den auf das Fest bezüglichen Text zu lesen. Anwesend war auch ein Reeder namens Kapetan Lasaris, der wegen des schlechten Wetters auf der Insel bleiben musste. Er war von dieser Lesung so beeindruckt, dass er nach Apollo fragte und ihn in seiner Einsiedelei aufsuchte. Als er ihn fragte, ob er irgendetwas brauche, antwortete ihm der Mönch, dass er nichts brauche. Schliesslich gestand er ihm, dass er eine kleine Kirche bauen wollte und der Kapitän kam eilig diesem Wunsch nach. Er verkaufte den Reis, den er auf dem Schiff geladen hatte und gab dem Mönch das Geld. Die Kirche, die man erbaute, wurde Allen Heiligen geweiht.

Das Tal der Mönche. Es liegt an der Nordseite der Insel südlich von Kap Sardella. Früher hiess es Tal des Koutroulis nach dem Namen eines älteren Gründers.
In der Mitte des 18. Jh. kam aus Kollivades der Mönch Parthenios Partheniadis nach Patmos, der von mehreren Mönchen begleitet war. Die Besitzer überliessen ihm das Tal des Koutroulis gegen eine jährliche Pacht von 25 Groschen.
Damit wurde er zum Begründer der Einsiedelei, die deshalb auch Einsiedelei des Parthenios heisst.

Gegenüberliegende Seite: Die Apollou-Einsiedelei. In der Bucht gibt es warmes Wasser

Unten: Livadi ton Kalojiron mit der Einsiedelei des Parthenios

10 DER HAFEN

Nach einer vielstündigen Fahrt durch die blauen Gewässer der Ägäis erreicht das Schiff im Hafen von Skala seine Bestimmung. Täglich bringen Kreuzfahrtschiffe eilige Besucher hierher. Busse erwarten sie, um sie nach Chora zur Besichtigung des berühmten Johannes-Klosters zu bringen. Skala, der grösste Ort der Insel, ist heute der Mittelpunkt des kommerziellen, wirtschaftlichen und gesellschaftlichen Lebens und auch der Ort, der sich am schnellsten entwickelte. Zu Beginn des 17. Jh. gab es in Skala nur einige Lagerhäuser und verschiedene Einrichtungen für die Schiffe. Damals lebten die Menschen in Angst vor den Überfällen der Piraten und suchten deshalb Sicherheit im Schatten des festungsartigen Johannes-Klosters in Chora. Mit dem Lauf der Zeit änderte sich jedoch die Lage und im 19. Jh. begann die allmähliche Übersiedelung der Einwohner nach Skala. Der Ort wurde ein Mittelpunkt des Handels und der Schiffahrt und diese Entwicklung erreichte ihren Höhepunkt, als Patmos von den Italienern befreit und mit Griechenland vereinigt wurde. Damals begann auch der eigentliche Aufschwung mit neuen Unternehmen, Hotels, Läden und Restaurants. Die Entwickung ging jedoch behutsam vor sich und achtete auf den malerischen Charakter.

Oberhalb des Hafens von Skala erhebt sich auf dem Hügel das Johannes-Kloster

SKALA das Innere der Insel

Zahlreich sind die Häuser, die sich ausbreiten und die umliegenden Anhöhen hinaufziehen. Durch sie erhält die Siedlung ihren besonderen Charakter. Wenn man den Blick noch weiter erhebt, sieht man im Norden den Koumanas-Berg, auf dem sich eine der berühmtesten Einsiedeleien der Insel befindet. Heute bewundert der Besucher in Skala die einheimische Architektur und die schönen Strände, vergnügt sich in den Restaurants und Lokalen mit griechischer Musik, sieht sich im Kino ausländische und griechische Filme an und geniesst die köstlichen einheimischen Süssigkeiten.

1. Luftaufnahme von Skala
2. Die malerischen Buchten von Skala, von Merikas und von Chochlakas
3. Blick auf Skala von der kleine Kirche Ajia Paraskevi
4. Skala an einem Sommernachmittag

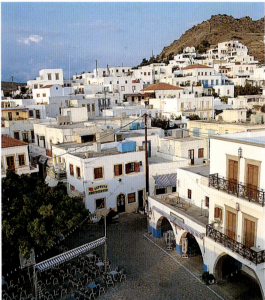

Am Ostersonntag kommen die Einheimischen und ihre auswärtigen Gäste zum Gebäude der Polizei, um sich "Frohe Ostern" zu wünschen und von dem Lamm am Spiess zu kosten, auch wenn es auf Patmos eigentlich Sitte ist, das Osterlamm im Ofen zuzubereiten. Am Mittag des gleichen Tages steigt man gemeinsam zum grossen Johannes-Kloster hinauf, um den Segen des Abtes zu empfangen und Kuchen und rote Eier zu erhalten. Und am Abend des Ostermontags veranstaltet die Gemeinde ein berühmtes Fest in Skala, bei dem Jung und Alt, Einheimischen und Gästen gebratenes Lamm und Wein angeboten wird. Die jungen Frauen und Männer tanzen in der Tracht der Insel einheimische Tänze, die von volkstümlichen Musikinstrumenten begleitet werden.

1. *Die Bucht von Ajia Paraskevi mit Fischerbooten und Fischern*
2. *Skala, die malerische Bucht*
3. *Das Verwaltungsgebäude*
4. *Der Hafen von Skala am frühen Abend*

Wenn man am Abend in den Hafen von Skala einfährt, dann erinnert ein grosses, leuchtendes Kreuz rechts auf der Spitze des Hügels den Besucher daran, dass er eine heilige Insel besucht. Wenn der Gast nur einige Eindrücke von der tiefen Religiosität und der Geschichte der Insel sammeln will, dann ist er bei seinem Besuch von Skala frei, seine eigenen Wege zu gehen. Auf Patmos stehen ihm Taxis zur Verfügung, er kann ein Auto oder ein Motorrad mieten, er kann mit dem Bus nach Chora, Grikos und Kampos fahren oder mit einem kleinen Boot nach Lampi, Psili Ammos und Lipsi, wobei Skala der ideale Ausgangspunkt ist.

Oben: Das Baptisterium des Evangelisten Johannes (Ruine) 96 n.Chr.
Unten: Kato Skala, die Kirche Ajios Fokas

11

DAS INNERE & DIE STRÄNDE

Nördlich von Skala - Südlich von Skala

Mit den verstreuten, kleinen Ortschaften, Buchten und Ufern, Sandstränden und Kaps überrascht Patmos den Besucher immer wieder. Die Insel besitzt eine geheimnisvolle Atmosphäre und eine grossartige Natur. Ihr vielschichtiger Charakter begeistert jeden. Nimmt man den Hafen Skala, das lebhafte Zentrum des Tourismus, als Ausgangspunkt und wendet sich in den Norden der Insel, dann kommt man an eine Reihe einladender Strände. Es sind der Strand von Merikas an der gleichnamigen Bucht, Meli mit seiner reichen Vegetation und Agriolivado mit seinem ruhigen Wasser und dem schönen Blick auf die kleine Insel Ajia Thekla. Die malerische Ortschaft Epano Kampos empfängt den Besucher weiter nördlich mit traditionellen Tänzen und Festen bei der Feier des Heimganges der Gottesmutter. Am Strand von Kato Kampos sammelt sich das internationale Publikum der Insel. In dem blauen Meer kann man seinen Lieblingssport ausüben und am Strand laden kleine Tavernen zu originalen, einheimischen Köstlichkeiten ein. Wer stille Strände liebt, dem hat der Norden von Patmos viel zu bieten. Der Kieselstrand Vaja, die Strände Lingino und Livadi, die an der Bucht von Jeranos liegen und zu Fuss erreichbar sind. Man sollte nicht versäumen, Lampi mit seinen wunderschönen, bunten Kieseln zu besuchen, deren Glanz im Licht der Sommersonne einzigartig auf der Welt ist. Ein weiterer, zauberhafter Strand im Norden ist Lefkes, das bei Kampos liegt. Die rauhe, einsame Landschaft verbindet sich hier harmonisch mit dem alten, verfallenen Turm und es herrscht eine eindrucksvolle Atmosphäre der Einsamkeit und Verlassenheit. Aber der Süden von Patmos hat viele Schönheiten zu bieten. Der vielbesuchte Strand von Grikos ist sehr bekannt und ermöglicht jedem Besucher einen erholsamen Aufenthalt. Ein angenehmer Spaziergang auf einem schmalen Landstreifen führt zum Kallikatzous-Felsen, wo seltene Vögel nisten. Der Felsen mit seinen eingemeisselten Brunnen und Pfaden hat viele Legenden inspiriert. Es wird überliefert, dass er die Einsiedelei des Hl. Christodoulos war. Noch weiter südlich liegt Psili Ammos, ein grosser und ruhiger goldener Sandstrand, der zu den schönsten der Insel gezählt wird. Ein Besuch lohnt sich.

Nördlich von Skala

Netia - Merikas - Meloi

Von Skala in nördlicher Richtung ist Netias die nächste am Meer gelegene Ortschaft. Links der Strassenkreuzung, die nach **Netias** führt, gibt es eine Strasse zu dem schönen Strand von **Merikas**. Von hier führt die erste Abzweigung zu dem rückwärtigen Teil der Anhöhe von **Koumanas** und die andere an die Bucht von **Aspri**. 1973 fand man hier Spuren einer Siedlung aus der Bronzezeit. Rechts von Netias führt die Strasse zur Bucht von **Meloi**.
Der Strand, an dem es auch einen Campingplatz gibt, ist ein schöner und günstig gelegener Aufenthaltsort.

Unten: Merikas
Gegenüberliegende Seite: Meloi

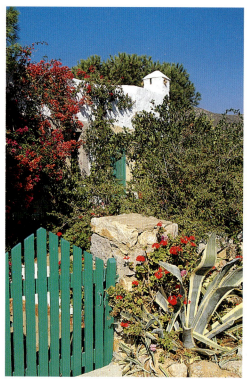

Agriolivadi - Ajia Thekla

Wenn man auf der Hauptstrasse weiterfährt, kommt man an eine Abzweigung rechts, die zur stillen Bucht von **Agriolivadi** führt.
Von Skala ist es ein Fussweg von etwa 35 Minuten. Der schöne Anblick der Bucht wird ergänzt durch den Blick auf **Ajia Thekla**, eine kleine Insel gegenüber.

Lefkes

Lefkes mit dem gleichnamigen Strand besitzt eine ganz eigene, bezaubernde Schönheit. Um ihn zu erreichen biegt man von der Strasse von Skala nach Kampos an der Kreuzung links ab.
Die rauhe Landschaft beeindruckt alle, die Einsamkeit und Stille suchen.

Oben: Die kleine Insel Ajia Thekla gegenüber der Bucht von Agriolivadi

Unten: Die malerische Bucht von Agriolivadi

Epano Kampos

*Die Hauptstrasse nach Norden führt in die malerische Ortschaft **Epano Kampos**. Sie ist die drittgrösste Siedlung der Insel, an deren Marktplatz sich seit 1937 die Evangelismos-Kirche erhebt. Jedes Jahr findet hier am 25. März (Mariä Verkündigung) und am 14. August (Vorabend des Heimganges der Gottesmutter) ein grosses Fest mit einheimischen Tänzen und Musik statt.*

1. Die Kirche Evangelismos tis Theotokou
2., 3., 4. In Epano Kampos
5. Die malerische Bucht von Kato Kampos

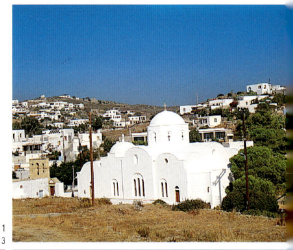

Kato Kampos

Fährt man auf der Strasse weiter, die durch den Ort führt, dann kommt man an den Strand **Kato Kampos**, den bekanntesten und populärsten der Insel. Die stillen Gewässer der Bucht bieten sich einerseits für lange Stunden des Schwimmens und Spielens an, andererseits kann man hier verschiedene Wassersportarten ausüben (es wird Ausrüstung vermietet).
Es gibt auch mehrere Tavernen, die mit ihren sehr schmackhaften Köstlichkeiten locken.

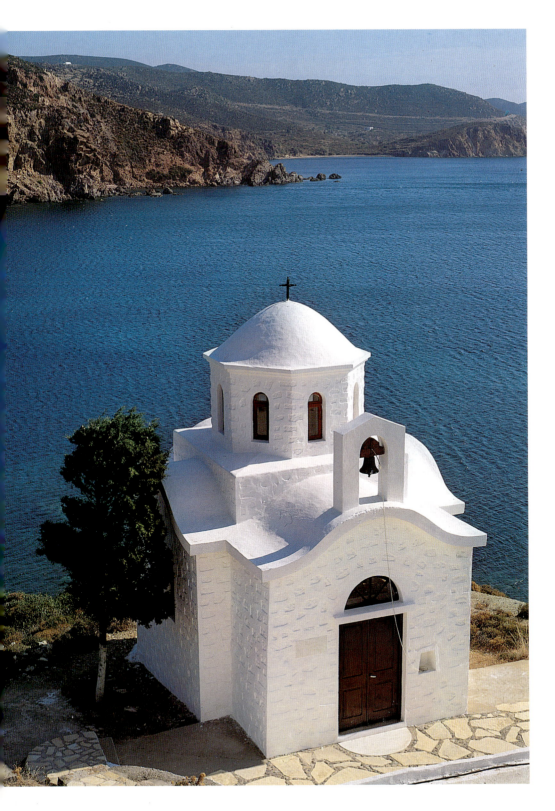

Die Panajia-Kapelle in Jeranos

Vajias - Linginou - Bucht von Jeranos

Vom Strand von Kampos kann man in zehn Minuten zu Fuss zur Bucht von **Vajias** gehen. Nur sehr wenige Menschen machen diesen Weg, das Wasser ist ganz sauber und einige Bäume geben dem Kieselstrand einen spärlichen Schatten. Wer gerne zu Fuss geht, kann auch den Strand von **Linginos**, von **Livadi** besuchen und bis zur Bucht von Jeranos gehen. Für den Weg von Vajias bis Jeranos benötigt man etwa 40 Minuten, doch kann man ihn auch abkürzen, wenn man auf der asphaltierten Strasse von Kampos weitergeht.

Kentronisi - Ajios Georgios

An der Südwestseite der Halbinsel Jeranos liegt Kentronisi. Bei **Kentronisi** befindet sich die kleine Insel **Ajios Georgios** mit der gleichnamigen Kapelle.

Gegenüberliegende Seite: Die Küste und malerische kleine Inseln bei Linginou und Jeranos

Vajia und sein malerischer Strand

Einsiedelei von Apollou

Unterwegs zum Jeranos-Hügel sieht man links und im Norden die malerische **Einsiedelei von Apollou**. Auf dem Jeranos-Hügel erhebt sich eine kleine Kirche, die der Gottesmutter geweiht ist. Man hat von hier auch einen bezaubernden Blick auf die gezackte Westküste.

Livadi ton Kalojiron

Wenn man zum Strand von Lampi geht, kommt man zu einer nicht asphaltierten Strasse nach Westen, auf der man nach einem halbstündigen Fussweg **Livadi ton Kalojiron** erreicht. Auf der breiten Ebene am Meer wird intensiv Gemüse angebaut. Die Landschaft ist von einzigartiger Schönheit und Harmonie. Eine kleine Kapelle in byzantinischem Stil ist dem Heimgang der Gottesmutter geweiht.

Oben: Die Apollou-Einsiedelei
Unten: Livadi ton Kalojiron, eine paradiesische Landschaft

Lampi

Der Strand von **Lampi** liegt im Norden der Insel und man erreicht ihn, wenn man auf der Asphaltstrasse hinter dem Strand von Kampos links abbiegt. Man kann ihn aber auch mit einem Boot von Skala erreichen (Fahrzeit etwa 1 Stunde). Er ist mit seinen ungewöhnlichen bunten Kieseln ein Anziehungspunkt für viele Besucher, die dort nicht nur baden wollen, sondern Steine für ihre Sammlung suchen. Tatsächlich kann dieser Strand nur "Lampi" heissen, denn der Glanz des Sonnenlichtes auf den bunten Kieseln ist bezaubernd. In der Umgebung gibt es auch die Reste einer antiken Siedlung, die **Platis Jalos** hiess.

Die kleine Bucht von Lampi und der Strand mit den bunten Kieseln

Links der Strasse nach Lampi erhebt sich hinter einer felsigen Anhöhe die Kirche Metamorfosi tou Sotira, die aus dem 16. Jh. stammt. Jedes Jahr hält der Abt des Johannes-Klosters hier am 5. August (dem Feiertag der Kirche) einen Gottesdienst ab, an den sich in den Tavernen von Kampos ein grosses Volksfest anschliesst.
Es gibt hier auch eine Kirche, die der jungfräulichen Gottesmutter geweiht ist und am 23. August feiert.

Ajios Nikolaos Avdelas

Westlich von Lampi führt eine Strasse nach **Ajios Nikolaos ton Evdimo** oder **Avdelas**. Hier wohnten viele der Handwerkerfamilien und der Baumeister, die der Hl. Christodoulos zum Bau des Klosters nach Patmos gebracht hatte.

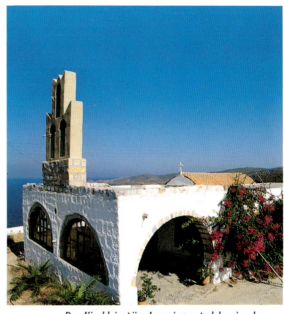

Das Kirchlein Ajios Ioannis tou Avdela, eine der ältesten Kirchen auf Patmos (11. Jh.)

Bunte Kiesel am Strand von Lampi

Die sichere Bucht von Ajios Ioannis tou Avdela, in der Fischerboote ankern

Südlich von Skala

Grikos

Auf der Asphaltstrasse, die von Skala nach Süden führt, kommt man an einen der bekanntesten Strände der Insel, nach Grikos. Er ist auch auf der Hauptstrasse von Chora erreichbar.

Kallikatzous-Felsen

Nach Süden führt eine nicht asphaltierte Strasse zu einem schmalen sandigen, Landstreifen, der am **Kallikatzous-Felsen** endet. Hier liegt die Einsiedelei von Petra (s. S. 86). Der Felsen ist 10 m hoch und hat einen Umfang von 80 m. Seinen Namen hat er von den hier nistenden Vögeln, die man "Kallikatzoudes" nennt.

1. *Blick auf Grikos*
2. *Skala, der Ausgangspunkt für das südliche Patmos*
3. *Luftaufnahme von Grikos mit dem Felsen von Kalikatzous*

Sein eindrucksvolle Umriss, die gemeisselten Vorsprünge und die von Menschenhand geschaffenen Stufen, die zur Spitze führen, haben die Bewohner der Insel zu zahlreichen Legenden inspiriert. Es ist jedoch eine Tatsache, dass dieser steile Fels in der Zeit des Hl. Christodoulos als Einsiedelei diente. Noch heute gibt es Spuren menschlichen Lebens, die vermutlich von Asketen stammen, und man erkennt die Öffnung eines Ofens, einen Brunnen und eine Leitung für das Wasser.
Am Fusse des Felsen sind auf der Südostseite und im Meer die Grundmauern der Kirche der Panajia Filchtomenis oder Filassousis zu erkennen. Man sieht auch eine Säule, die als das Fundament des Altars gilt.

Tragonisi
Diese kleine, unbewohnte Insel liegt gegenüber dem Kallikatzous-Felsen.

Diakofti - Stavros - Psili Ammos
Südlich der Bucht von Petra liegt **Diakofti**, die schmalste Stelle der Insel.
Sie ist nur 200 m breit und an der Westseite ist der schöne Sandstrand von **Stavros**. Gleich daneben schliesst sich in südlicher Richtung **Psili Ammos** an, ein weiterer ruhiger und schöner Strand, der zu den schönsten der Insel gehört.
Man glaubt durch die Wüste zu gehen, wenn man durch den feinen, golden Sand läuft. Erreichbar ist der Strand nur mit einem Boot vom Hafen Skala.

Alikes
An der Nordspitze der Bucht von Stavros liegt **Alikes**. Dieses Gebiet wurde von den Mönchen zur Gewinnung von Salz genutzt. Hier liegt auch die Einsiedelei des Hl. Christodoulos.

Der zauberhafte Strand von Grikos. Gegenüberliegende Seite: Diakofti und Alikes (Luftaufnahme)

12
DIE NACHBRARINSELN

Petrokaravo - Lipsi - Arki - Agathonisi
Wichtige Informationen

Patmos ist von vielen kleinen Inseln umgeben, die gleichsam seine Satelliten sind, so dass dieser Teil der Ägäis an Polynesien erinnert. Diese Inseln, die mehr oder weniger dicht bewohnt sind, lohnen einen Besuch. Man erreicht sie entweder mit einem Linienschiff oder mit einem gemieteten Boot. Die Ortschaften sind paradiesisch, denn die Natur hat hier noch ihre Ursprünglichkeit bewahrt. Das Meer ist sauber und kristallklar. Auch die malerischen Sandstrände sind ganz sauber. Manche von ihnen besitzen eine Infrastruktur, so dass man länger als einen Tag bleiben kann. Rings um Patmos gibt es auch unbewohnte kleine Inseln, von denen manche schon bei der Beschreibung der Insel erwähnt wurden: das malerische Ajia Thekla in der Bucht von Agriolivadi, Ajios Georgios und Kentronisi vor dem Kap Jeranos und Tragonisi am Strand von Grikos gegenüber dem Felsen von Kalikatzous. Diese kleinen Inseln ergänzen das blau-weisse Mosaik von Patmos.

Anidros - Petrokaravo

Nordwestlich von Livadi ton Kalojeron sieht man die Insel Anidros und im Südwesten Petrokaravos, dahinter erstreckt sich Ikaria. Petrokaravo gleicht auf einer Seite einem steinernen Schiff. Nach der Legende soll es ein Piratenschiff mit vierzig Seeräubern gewesen sein, die die Insel plündern wollten. Der Hl. Christodoulos versteinerte durch sein inbrünstiges Gebet das Schiff und seine Boote, aus denen die winzigen Inseln ringsum wurden.

Lipsi

Diese Insel liegt 11 Seemeilen östlich von Patmos und hat Verbindung mit dem Hafen Skala. Lipsi ist 16 qkm gross, die wenigen Bewohner sind Bauern und Fischer. Die höchste Erhebung im Osten ist nicht höher als 300 m. Ringsum gibt es schöne Buchten und in einer, der grössten und geschlossensten, liegt der Hafen und einzige Ort der Insel. Es gibt mehrere Einsiedeleien, von denen **Panajia tou Charou** die bekannteste ist, die in das Jahr 1600 datiert wird.

Sie ist nach der Ikone benannt, die hier aufbewahrt wird, auf der die Gottesmutter dargestellt ist, die ihren Sohn als Gekreuzigten hält und nicht als Kind. Diese Ikone hat noch eine andere Besonderheit: Jedes Jahr erblühen am Tag vor dem 15. August die Lilien, die seit dem Fest Mariä Verkündigung hier sind und vertrocknet waren.

Arki

Es ist die grösste einer Inselgruppe nördlich von Lipsi, 11 Seemeilen von Patmos entfernt. Sein Hafen, in dem wenige Menschen wohnen, liegt am Ende einer tief eingeschnittenen, schmalen Bucht, deren Zugang von anderen, kleineren Inseln verdeckt ist.

Marathonisi

Die kleine Insel mit schönem Sandstrand liegt gegenüber von Arki.

Agathonisi

Die nördlichste Insel der Dodekanes, 36 Seemeilen von Patmos entfernt, die von einigen Fischern und Bauern bewohnt ist. Mit Patmos gibt es im Sommer zweimal wöchentlich Verbindung.

Die Bucht und die malerische Küste von Lipsi

Wichtige Informationen

Reisezeit

Die Heiligkeit der Insel in Verbindung mit einem gesunden Klima, einer guten touristischen Erschliessung und bedeutenden religiösen und historischen Sehenswürdigkeiten, machen Patmos fast das ganze Jahr hindurch zu einem idealen Ort für ruhige Ferien.

Das tief ins Land einschneidende Meer, die flache bergige Landschaft, die geringen Entfernungen und die guten Strassen bieten gute Voraussetzungen für Spaziergänge. Für alle, die das Erlebnis der Naturschönheiten mit der einzigartigen Erfahrung des Besuches der Hl. Höhle der Offenbarung und des historischen Johannes-Klosters verbinden wollen, ist der Frühling die geeigneteste Jahreszeit. In den Sommermonaten pulsiert das Leben auf der Insel, denn es kommen sehr viele Besucher, die nicht nur an den Sehenswürdigkeiten der Insel interessiert sind, sondern auch an der Ruhe und dem Frieden der Strände und malerischen Buchten, die Patmos in Fülle zu bieten hat.

Wer die Insel an Ostern besuchen möchte, den erwarten unvergessliche Erlebnisse, denn das Johanneskloster feiert diese heiligen Tage mit ausserordentlicher Pracht und Herrlichkeit.

Die Anreise

Mit dem Schiff: Von Piräus, Rafina und Kavala gibt es das ganze Jahr hindurch moderne, grosse Fährschiffe. Die Entfernung von Piräus beträgt 163 Seemeilen und die Fahrt dauert 11-12 Stunden. Von Patmos gibt es das ganze Jahr hindurch Verbindungen nach Kalymnos, Leros, Kos, Nisiros, Tilos, Rhodos, Simi, Karpathos und einigen Inseln der Kykladen wie Paros, Naxos, Mykonos, Syros und Tinos. Genauere Auskünfte erteilt die Hafenverwaltung Piräus, Tel. (01) 4226000.

Das Fährschiff aus Rafina der Linie Rafina - Ägäische Inseln verbindet Patmos ganzjährig

mit Ajios Efstratios, Limnos, Lesbos, Samos und endet in Kavala. In den Sommermonaten gibt es eine Verbindung mit Sigri auf Lesbos und mit Skiros. Auskünfte bei der Hafenverwaltung Rafina, Tel. (0244) 22300.

Von Athen fahren täglich zahlreiche Busse der Gesellschaft KTEL nach Rafina. Die Endstation ist am Pedion Areos, die Fahrt dauert eine Stunde. Informationen in Athen, Tel. 8210872.

Mit Fährschiffen der Linie Ägäis haben Patmos, Agathonisi und Arki das ganze Jahr hindurch Verbindung mit Kalymnos, Lipsi, Leros und Pithagorio auf Samos. Auskünfte bei der Hafenverwaltung Patmos, Tel. (0247) 31217, 31307.

Von Patmos kann man auch mit Tragflügelbooten die meisten Inseln der Dodekanes und der östlichen Ägäis erreichen. Auskünfte bei der Agentur in Patmos, Tel. (0247) 31217, 31307, 31205. Mit dem Flugzeug: Leros und Samos sind die Patmos am nächsten gelegenen Flughäfen.

Übernachtungsmöglichkeiten

In den letzten Jahrzehnten ist es Patmos gelungen, den Anforderungen des ständig wachsenden Touristenstromes zu entsprechen. Für die Gäste stehen viele Hotels und Privatzimmer bereit. Wer die Insel im August (vor allem am 15. August) oder an den Ostertagen besuchen möchte, sollte sich vor Reisebeginn ein Zimmer reserviert haben.

Für alle, die ihre Ferien im Zelt verbringen möchten, gibt es in Meloi, sehr nahe bei Skala, einen Campingplatz. Auf diese Weise erlebt man den Frieden und die Stille der Landschaft und den Trubel und die Unterhaltungsmöglichkeiten von Skala.

Wer Patmos in der Zeit zwischen November und März besuchen möchte, sollte die Touristeninformation der Gemeinde anrufen, Tel. (0247) 31666.

Strände

Neben seinem religiösen Charakter zeichnet sich Patmos auch durch eindrucksvolle Felsen, Buchten und stille, malerische Strände aus. Besonders beliebt sind Kato Kampos, der am meisten besuchte Strand der Insel, an dem es auch Wassersportmöglichkeiten gibt, Psili Ammos mit goldenem Sand und Lampi mit wunderschönen Kieseln in bunten Farben. Empfehlenswert sind aber auch der Strand von Grikos mit der Insel Tragonisi, die ihn vor dem Wind schützt, der Strand von Kallikatzous mit einem konischen Felsen an der Spitze des Kaps. Viele andere Strände warten darauf, erkundet zu werden!

Verkehrsverbindungen

Die Busse der Insel verkehren fahrplanmässig zwischen den drei Ortschaften Chora, Skala und Kampos und fahren auch zu den Stränden Grikos und Kato Kampos. Die Touristeninformation erteilt Auskünfte über die Fahrpläne. Es gibt aber auch Taxis sowie Auto- und Motorradvermietungen.

Boote

Vom Hafen Skala fahren in den Sommermonaten täglich Boote zu den benachbarten Stränden und hauptsächlich nach Psili Ammos, die mit keinem anderen Verkehrsmittel erreichbar sind. Man kann auf diese Weise auch die benachbarte Insel Lipsi mit ihren zauberhaften Stränden und die Inseln Arki und Agathonisi besuchen.

Wichtige Telefonnummern (0247)

Gemeinde Patmos: 31235, 31058, 32278. **Polizeistation:** 31303, **Fernmeldeamt (OTE):** 31399, **Elektrizitätswerk DEH:** 31333, 31562, **Hafenverwaltung:** 31231, **Zollamt:** 31312, **Postamt:** 31316, **Krankenhaus:** 31211; **Taxistand:** 31225, **Touristeninformation:** 31666

Klöster:
Johannes-Kloster: Tel. 31398, **Offenbarungs-Kloster:** 31234, **Evangelismos-Kloster:** 31276, Kloster **Zoodochos Pijis:** 31256, **Kloster Ajia Ajion:** 31030
Besuchszeiten Johannes-Kloster: Montag - Dienstag - Mittwoch: 8.00 - 14.00 Uhr Donnerstag: 8.00-14.00, 16.00-18.00 Uhr Freitag - Samstag: 8.00 - 14.00 Uhr Sonntag: 8.00 - 12.00 und 16.00 - 18.00 Uhr

HOTELS AUF PATMOS

GRIKOS			SKALA					
						SCALA	B´	31343
						ASTORIA	C´	31205
XENIA	B´	31219	ROMEOS	B´	31962	CRIS	C´	31001
FLISVOS	C´	31790	EFFIE	B´	31298	GALLINI	C´	31240
GOLD SUN	D´	32319	BLUE BAY	C´	31165	HELLINIS	C´	31275
NIKOS	B´	31974	DELFINI	C´	32060	PLAZA	C´	31498
			CAPTAIN HOUSE	C´	31793	V. ZACHARO	C´	31529
						SUMMER	C´	31769
APPARTEMENTS			APPARTEMENTS			CASTRO	D´	31554
APOLAFSIS	C´	31380	VIL. KASSANDRA	C´	31523	DIETHNES	D´	31357
IOANNA	C´	31031	PORTO MERIKA		32078	ILIOVASILEMA	D´	31411
PANORAMA	C´	31209				REX	D´	31242
PATMIAN HOUSE	B´	31180	PENSIONEN			RODON	D´	31371
PETRA	C´	31035	KASTELI	B´	31361	AUSTRALIS	E´	31576
			MARIA	B´	31201			
PENSIONEN			PATMION	B´	31313	CAMPINGPLATZ PATMOS		
ARTEMIS	B´	31555	VYZANTION	B´	31052	MELOI	–	31821
GRIKOS	B´	31294	ADONIS	B´	31103			

GRIECHISCHE MYTHOLOGIE
Das Buch erscheint auf Deutsch

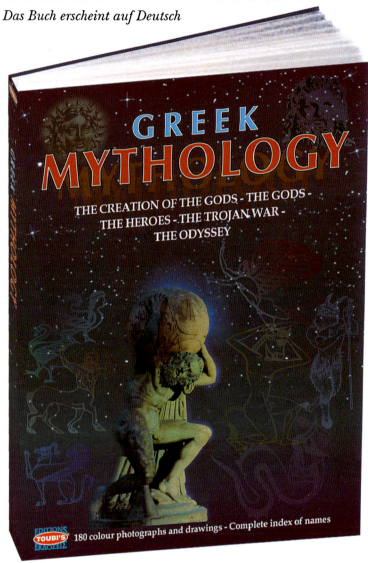

Eine ungewöhnliche Veröffentlichung, die mit besonderer Sorgfalt hergestellt wurde. In schlichter und anschaulicher Sprache werden die wichtigsten griechischen Mythen dargestellt. Sie sind von on 180 Abbildungen und Hinweisen auf die altgriechische Literatur begleitet.
Format: 17 × 24 cm, 176 Seiten